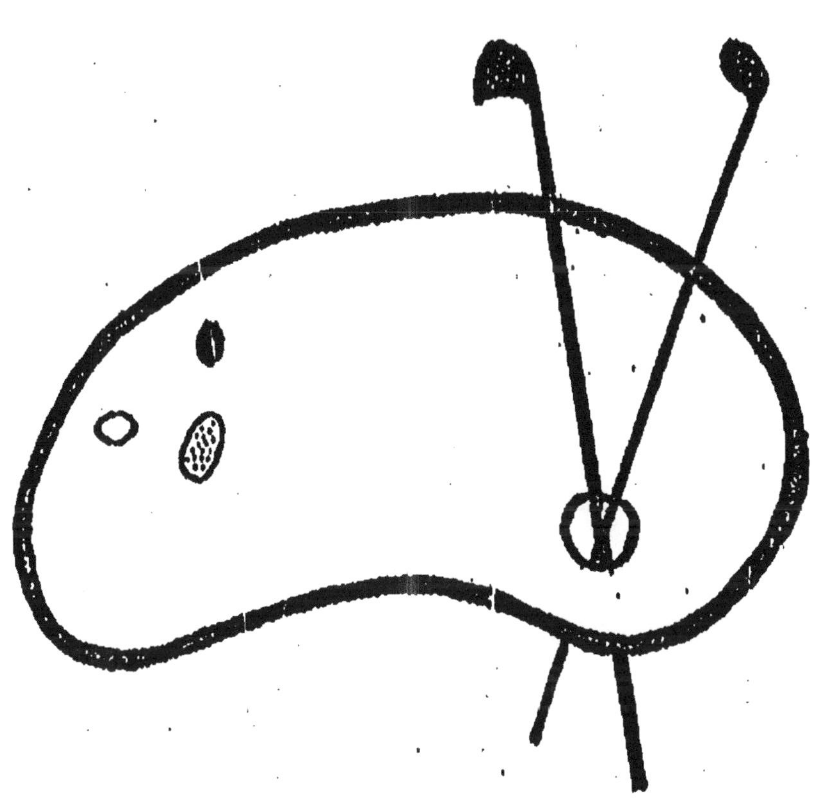

DEBUT D'UNE SERIE DE DOCUMENTS
EN COULEUR

Couverture inférieure manquante

LE DROIT MIS A LA PORTÉE DE TOUT LE MONDE

LE CONTRAT
DE MARIAGE

PAR

Le Professeur ÉMILE ACOLLAS

Pour le vrai.
Pour le bien.

PARIS
LIBRAIRIE CH. DELAGRAVE
15, RUE SOUFFLOT, 15

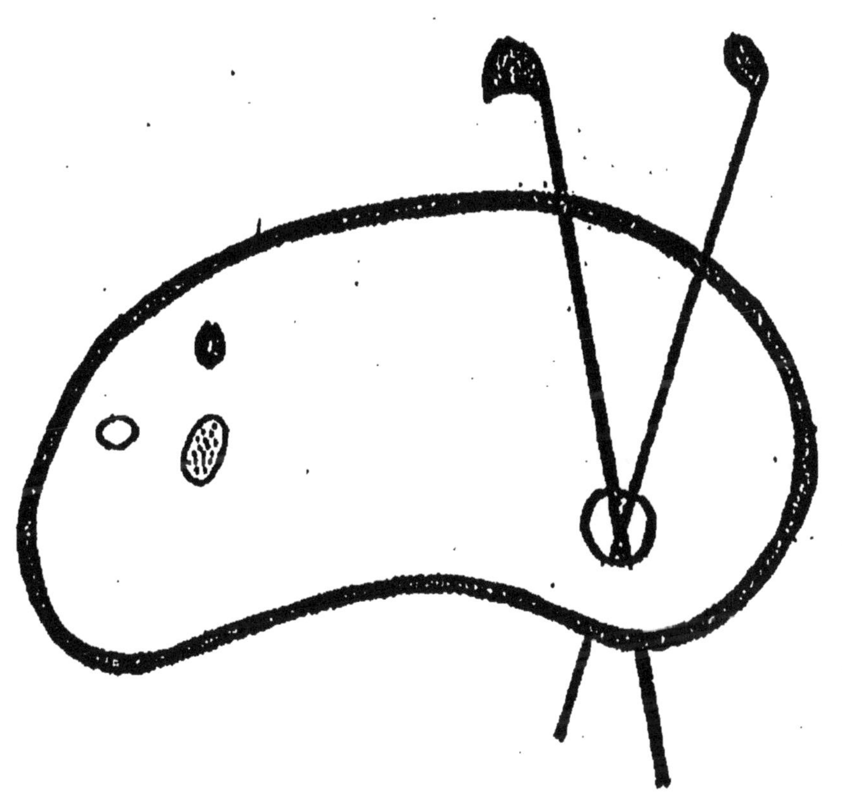

FIN D'UNE SERIE DE DOCUMENTS
EN COULEUR

LE DROIT MIS A LA PORTÉE DE TOUT LE MONDE

LE CONTRAT
DE MARIAGE

LE DROIT MIS A LA PORTÉE DE TOUT LE MONDE

LE CONTRAT
DE MARIAGE

PAR

Le Professeur ÉMILE ACOLLAS

Pour le vrai.
Pour le bien.

PARIS
LIBRAIRIE CH. DELAGRAVE
15, RUE SOUFFLOT, 15

1886

LE DROIT

MIS A LA PORTÉE

DE TOUT LE MONDE

Pour le vrai.
Pour le bien.

LE CONTRAT DE MARIAGE

IDÉES GÉNÉRALES

Il est dans nos usages et il est également dans la pensée formelle du Code que le mariage amène une condition juridique nouvelle pour les biens de la femme en particulier. Sans doute le régime le plus répandu, celui que l'on nomme la communauté, est susceptible d'affecter finalement de même manière les biens des deux époux ; mais, aussi longtemps que dure le mariage ou jusqu'à ce que se produise une séparation, ce n'est qu'à l'égard de la femme qu'en des termes généraux l'on peut dire que la condition de ses biens est changée ; car, tandis que sur les objets tombés dans la communauté de son propre chef le mari conserve en entier ses droits ou les voit à peine diminuer, il acquiert sur les biens que la femme apporte en communauté ou les droits d'un propriétaire ou des droits qui en diffèrent peu, et, quant aux biens dont la femme conserve la propriété, il en devient l'administrateur et c'est à lui que le Code en donne la jouissance.

Or, sous le régime qui, après la communauté, est chez nous le plus pratiqué, nous voulons dire le dotal, ce n'est encore que pour les biens de la femme que les conditions ordinaires de la propriété sont susceptibles d'être modifiées.

Et il n'en va pas autrement sous le troisième régime de mariage, sous celui qu'on a dénommé le régime sans communauté.

Ainsi, pour la femme, le mariage a cette suite habituelle que, son incapacité, son état de minorité comme femme mariée mis à part, elle perd dans une mesure plus ou moins large, par le seul effet du régime relatif aux biens, soit l'administration et la jouissance, soit la pleine propriété de ce qui lui appartient, laquelle, comme l'administration et la jouissance, passe en réalité au mari, — soit les deux à la fois.

Et sous quel régime ces conséquences du mariage pour la femme se produisent-elles avec le plus d'ampleur ? Précisément sous celui que le Code a adopté comme droit commun du mariage, sous celui qu'il déclare être tacitement convenu entre les époux pour tous les cas où ils n'y ont point dérogé en termes exprès, sous celui dont le nom est encore peut-être le pire trompe-l'œil qui existe dans nos lois, sous cette communauté abusive et mensongère où souvent la femme apporte tout ce qu'elle possède, tout ce qui même constitue le fonds commun, où elle ne peut disposer qu'avec la permission du mari qu'elle a enrichi, et dont souvent elle ne sort que dépouillée et ruinée.

Mais les usages, dira-t-on, mais les traditions enracinées depuis des siècles ne forment-elles pas preuve suffisante que la communauté correspond à l'esprit et au tempérament de nos populations ?

D'abord, en ce qui est des traditions et pour les bien juger, il y aurait à voir dans quel état de la société elles sont nées et se sont développées, comment elles s'harmonisaient avec l'ensemble, et, précisément parce que la communauté convenait à la société du passé, à une société d'aristocratie foncière et féodale, il serait déjà au moins probable qu'elle ne peut convenir à la nôtre.

Quant aux usages actuels, bien loin de contredire notre critique, ils la confirment, car il n'est pas aujourd'hui de père de famille, doué de la moindre prudence et constituant une dot quelque peu sérieuse à sa fille, qui acceptât pour elle le pur régime de la communauté selon le Code, et il n'est pas de futurs époux bien inspirés ou bien conseillés, qui, ayant le moyen de subvenir aux frais d'un contrat en forme, n'en fassent la dépense, pour échapper à la communauté du Code. Qui donc aujourd'hui est marié sous cette communauté ? L'immense foule des pauvres à qui elle s'impose en fait ; et qu'on ne dise pas que, s'agissant de la propriété acquise, l'immense foule des pauvres n'est pas à considérer, car, dans notre mouvement économique, dans notre mouvement des fortunes, celui qui n'a pas la veille peut avoir le lendemain ; mais n'est-elle pas, au surplus, digne d'intérêt entre toutes, — entre toutes ne sollicite-t-elle pas la justice — la femme qui travaille tout le jour pour réaliser quelques gains! Et ces gains, la loi de la communauté les lui prend ; ces gains, la loi de la communauté les donne au mari!

Que si les mœurs font les lois, les lois font aussi les mœurs, et c'est sur les habitudes générales qu'influe ce fait que, dans le Code, la communauté est le régime de droit commun! C'est parce que la communauté, si peu en rapport pourtant avec nos idées actuelles, avec nos besoins actuels, est le régime de droit commun, qu'on est porté, tout en la modifiant, tout en l'arrangeant au gré des convenances particulières, à la maintenir au moins comme base. Or, cette base même, il faut l'exclure, car elle est d'inégalité et d'injustice; il est temps qu'un régime qui, sous le nom de communauté des biens entre époux, aboutit, durant le mariage, à mettre la femme biens comme corps à la discrétion du mari, cesse d'être le droit commun du mariage.

Quant au régime dotal, moins complètement et moins foncièrement oppressif pour la femme, il peut toujours contenir ce fonds d'injustice que le mari profite des revenus de la dot et n'est tenu que d'en rendre le capital, et, s'il est moins dangereux pour les intérêts de la femme, ce n'est que grâce à cette inaliénabilité de la dot qui, pour n'en dire qu'un seul mot, demeure, dans nos lois de propriété, le plus flagrant anachronisme que contiennent ces lois.

Sur le régime sans communauté, il suffit d'ajouter que, semblable, dans ses traits généraux, au régime dotal, sauf le point de l'inaliénabilité, le même jugement lui est applicable.

De ce court exposé, il résulte que toutes les combinaisons ou tous les régimes inventés pour la réglementation spéciale des intérêts pécuniaires des époux ont fait leur temps; ce qui seul subsiste et reste, c'est le droit destiné à devenir de plus en plus le vrai droit commun général et humain, le droit qui, à la longue, triomphe aussi bien des résistances des mœurs que des résistances des Codes, celui qui veut que, dans le mariage comme en dehors du mariage, chacun s'appartienne.

Or, quoi de plus harmonique avec la nature du mariage et quoi de plus facile à réaliser!

De plus harmonique d'abord. — Le mariage est intimement une association morale; n'en corrompons pas le principe profond par les suggestions de l'intérêt pécuniaire.

Le mariage est une association de liberté et d'égalité; qu'il demeure dans les rapports pécuniaires des époux ce qu'il doit être dans leurs rapports moraux.

De plus facile à réaliser. — Il suffit qu'il soit inscrit dans nos lois que chacun des époux conserve la maîtrise et la direction de ce qui lui appartient, sauf à donner à l'autre tel mandat d'administration qu'il voudra, et de cette séparation, ou, pour mieux dire, de cette indépendance respective, juridiquement consacrée, naîtra souvent une communauté qui, ayant le cœur pour première assise, ne risquera jamais de heurter la justice (1).

1. Tout ce que l'on enlève au droit technique, on l'enlève à la force, à la coercition de la loi sociale, on le restitue au domaine de la loi morale et à ses persuasions. Que de gens en

Voilà quel doit être le droit commun dans notre matière et celui que, dès aujourd'hui, il nous est loisible de faire prévaloir de plus en plus.

Indications historiques

C'est à une époque relativement récente dans l'histoire des sociétés que remonte l'idée d'un contrat se rapportant aux intérêts pécuniaires des époux, et il n'est pas douteux que cette idée n'ait été la marque d'un progrès déjà considérable accompli dans la formation du mariage lui-même ; car le contrat concernant les biens, c'était, au moins pour le fond, la reconnaissance à la femme d'une certaine personnalité et d'un certain droit ; or, pour en arriver là de ce long passé durant lequel le mariage ou plutôt l'union des sexes n'avait été que le fait de la force physique de l'homme s'imposant à la femme, quelles étapes n'avait-il pas déjà fallu franchir (1) !

sont encore à comprendre cette vérité évidente et que de pères de famille répugneraient à l'idée de marier leur fille sous la séparation de biens parce qu'ils craindraient de faire injure à leur gendre, ne voyant pas qu'ils lui feraient honneur de répudier, pour attacher l'épouse à l'époux, le moyen de la servitude pécuniaire, ne voyant pas qu'à l'attacher comme ils font, c'est la corde au cou qu'ils lui passent et c'est à rompre cette corde qu'ils la poussent !

1. Voir dans notre Bibliothèque : LE MARIAGE, *Indications historiques*. Pour nous en tenir ici aux termes les plus généraux, contentons-nous de rappeler que les deux premières phases que l'on rencontre dans l'état social primitif sont :

Le mariage en commun : tous les hommes et toutes les femmes, qui composent un groupe ou une tribu, appartenant,

Ce que, pour l'antiquité, nous savons du contrat de mariage et des régimes de mariage a trait, comme toujours, à Athènes et à Rome.

Athènes inventa le régime dotal, c'est-à-dire un règlement selon lequel la convention pouvait faire deux parts des biens de la femme : l'une, sous le nom de *dot*, attribuée au mari pour l'administration et pour la jouissance, l'autre demeurant en pleine propriété à la femme.

Lorsque Rome fut quelque peu sortie de sa barbarie primitive, elle importa chez elle le régime d'Athènes ; mais, comme la dépopulation devenait grande, que les divorces se multipliaient et qu'il paraissait être utile à la chose publique que les femmes pussent aisément contracter de nouvelles noces, on ajouta au régime dotal la règle de l'inaliénabilité du fonds dotal, afin que, conservant presque toujours leur dot intacte, les femmes divorcées fussent presque toujours à même de trouver de nouveaux maris.

Et ainsi d'une cause toute contingente naquit une règle qui a traversé les siècles.

Notons qu'à Rome la rédaction d'un contrat de mariage, d'un *instrument dotal*, était dans l'usage un

indifféremment l'un à l'autre, et les femmes prises de gré ou de force ;

Le mariage par capture dans lequel un homme emploie la force pour s'approprier une femme, à l'exclusion de tous autres membres du même groupe ou d'un autre. Voir le beau livre de M. Leman, le *Mariage primitif*, et les *Origines de la civilisation* de John Lubbock.

Nous sommes loin, dans ces phases, de l'idée du contrat réglementant les intérêts pécuniaires des époux.

des signes qui servaient à distinguer les *justes noces*, seul mariage honorable pour la femme, d'avec le *concubinat*, union légale d'un ordre tout inférieur.

Avec les armées romaines le régime dotal pénétra dans la Gaule ; il s'y répandit et s'y implanta si bien que, sauf les modifications que ne pouvait manquer d'amener le changement des temps, il subsiste encore chez nous avec son esprit romain et ses bases romaines essentielles (1).

Mais au ve siècle sur le sol de l'ancienne Gaule s'avancent de nouveaux conquérants, et c'est à ceux-là, c'est aux Germains que nous devons la communauté entre époux.

Les Germains en apportèrent-ils le germe ou n'est-ce qu'après leur établissement dans la Gaule que la communauté entre époux naquit de ces communautés serviles qui continuèrent chez nous les communautés germaines et celles des peuples aryens (2)? Entre toutes les questions d'origines, celles des origines juridiques ne sont pas les moins obscures ; car le Droit, surtout dans le passé, n'a presque entièrement été fait que de débris et de coutumes souvent non raisonnées et souvent inco-

1. Il paraît bien que nos ancêtres gaulois, à l'époque où Jules César parut dans la Gaule, rédigeaient aussi des conventions matrimoniales ; mais ce que nous en rapporte le même César dans ses *Commentaires* est si peu précis et si bref qu'il n'est pas facile de deviner ce que pouvait être au fond le contrat de mariage gaulois.

2. Nous avons déjà fait allusion aux communautés serviles dans le tome de notre Bibliothèque intitulé : LA PROPRIÉTÉ.

On peut consulter sur les communautés aryennes, germaines et serviles, l'ouvrage de M. de Laveleye, DE LA PROPRIÉTÉ ET DE SES FORMES PRIMITIVES.

hérentes (1). Ce qui est sûr, c'est que la loi des Ripuaires et d'autres peuplades germaines attribuait à la femme, à la mort du mari, une part dans les acquisitions qu'ils avaient faites ensemble ; c'est que les communautés ou sociétés de serfs ont pratiqué la communauté entre époux ; c'est que cette communauté, après qu'elle se fut nettement distinguée des communautés serviles, apparaît comme en ayant conservé plusieurs caractères ; c'est qu'enfin, à l'époque féodale, ce n'est d'abord que parmi les roturiers, gens les plus rapprochés de la classe servile et recrutés en partie dans cette classe, que la communauté fut en usage.

Cependant, à leur tour, les nobles, habitués par les lois franques à un partage entre les époux après la mort du mari, finirent par adopter la communauté ; mais on y apporta en même temps un tempérament : il fut permis à la femme noble d'y renoncer afin de s'affranchir des dettes lorsqu'elles dépasseraient les valeurs actives.

La faculté de renoncer fut, dans la suite, étendue à la femme roturière ; mais les risques et les dangers du régime de communauté se manifestant de plus en plus surtout pour la femme, l'omnipotence du mari devenant de plus en plus pour elle une cause de ruine, les anciens légistes imaginèrent successivement d'autres palliatifs pour atténuer, non pour corriger, des vices qui tiennent aux bases du système (2).

1. Et cependant sous ces débris, sous ces coutumes une idée se meut : l'Idée mène le droit comme le reste — et la Justice, si faible encore, grandit dans le monde.

2. Tel fut le droit attribué à la femme de n'accepter que jusqu'à concurrence de la valeur recueillie par elle et qui porte aujour-

En définitive, si l'on considère pour combien peu la femme comptait dans le monde germanique et féodal et sans nul doute pour moins encore, point de vue du droit à part, qu'à Athènes et à Rome, on doit reconnaître à l'avènement du régime de communauté le caractère d'un progrès analogue à celui que signala l'avènement du régime dotal ; mais, sans chercher à établir ici aucune comparaison entre les deux, ni pour ce qu'ils furent dans leurs commencements, ni pour ce qu'ils devinrent ou demeurèrent, ce qu'il faut affirmer c'est que, à la fin du XVIIIe siècle et à l'époque de la Révolution, l'un, par la règle de l'inaliénabilité des biens dotaux, l'autre, par celle du droit autocratique du mari sur une fortune fréquemment venue de la femme, heurtaient de front l'Idée du droit nouveau et, aussi bien l'un que l'autre, après des siècles d'existence, ne représentaient plus que des traditions épuisées.

C'est ce que ne vit pas le législateur de la Révolution ; sans doute, ce législateur (1) eut la pensée de proscrire le régime dotal et d'établir l'égalité entre les époux pour l'administration, la disposition et la conservation

d'hui le nom de bénéfice d'inventaire de la femme commune. Voir plus bas p. 81.

1 Voici ce que portaient les articles 11, 12 et 13 (livre I, titre III) du Code de la Convention :

« Les époux ont ou exercent un droit égal pour l'administration de leurs biens. »

« Tout acte emportant vente, engagement, obligation ou hypothèque sur les biens de l'un ou de l'autre, n'est valable s'il n'est consenti par l'un et l'autre des époux. »

« Les actes ayant pour objet de conserver les droits communs ou individuels des époux peuvent être faits séparément par chacun d'eux.

de leurs biens; mais il commit la grosse erreur d'admettre que, lorsque les époux n'auraient pas fait de conventions matrimoniales, ils devraient être réputés avoir adopté le régime de communauté, tandis qu'il était si rationnel à la fois de supposer qu'en pareil cas ils avaient entendu maintenir l'état de choses existant pour eux — la séparation de leurs biens, — et de les laisser libres de régler ensuite à leur guise leurs rapports pécuniaires dans les termes du droit commun (1).

Quant aux rédacteurs du Code civil, nous avons indiqué plus haut les traits généraux de leur œuvre dans cette matière, et il ne nous reste plus qu'à en exposer les détails.

CODE CIVIL

(Articles 1388-1581)

NOTIONS GÉNÉRALES

Le contrat que l'on a l'habitude de désigner sous le nom de contrat de mariage, ce n'est pas celui qui unit les deux époux, c'est celui qui règle leurs intérêts pécuniaires.

1. C'est la séparation de biens que pratiquent les peuples slaves et c'est également cette séparation qui, dans l'Amérique du Nord, forme le principe admis par la plupart des États : on veut que les époux soient le plus possible indépendants l'un de l'autre à l'égard de leurs biens.

Mais on conçoit, sans qu'il y ait à insister, que le premier est le principal, que le second n'est qu'accessoire comme l'on dit : donc que, si le premier est nul, il sera nul avec le second, et, à ce point de vue, en suivra le sort.

Le contrat de mariage est, en outre, un contrat *solennel*, ce qui, comme l'on sait, signifie dans la langue du droit, qu'il n'a d'existence que s'il remplit les conditions *voulues* par la loi.

La condition que veut la loi, dans la circonstance, c'est l'intervention d'un notaire pour rédiger l'acte, l'écrit constatant le contrat.

Mais qu'entend-on par un régime de mariage ? C'est, dans les idées communes, un type proposé par le législateur aux époux pour le règlement de leurs intérêts pécuniaires.

De cette manière, le Code, peut-on dire, consacre quatre régimes qui sont :

La communauté ;

Le régime dotal ;

Le régime exclusif de communauté ;

La séparation de biens ;

Mais, à voir au vrai les choses, puisque la séparation de biens est le maintien de l'état existant avant le mariage, elle n'est pas un régime de mariage, et si, dans le Code, elle peut à la rigueur passer pour en être un, ce n'est que grâce aux quelques règlements que le Code impose ou suppose pour le cas du maintien de l'état existant quant aux biens avant le mariage.

Rappelons, au surplus, que, lorsqu'il n'existe pas de contrat, c'est le régime de la communauté telle qu'elle est réglée par le Code (1re partie du chapitre II du Contrat de mariage) et qui est dite *légale*, qui est imposé aux époux et qui leur restera imposé jusqu'à la fin, car il n'est pas permis, comme nous allons le voir, de déroger, par des conventions postérieures, au régime établi au moment du mariage. Que si le mariage s'accomplit entre Français et étrangers, il y a des difficultés ; on est assez généralement d'avis que les époux doivent être réputés mariés sous le régime qui constitue le droit commun du pays où le mari entend établir, après le mariage, le domicile commun.

Quant au régime exclusif de communauté et à la séparation de biens, il n'est besoin, pour leur adoption, que d'une simple déclaration de la volonté des époux ; mais, à l'égard du régime dotal, la grosse anomalie de l'inaliénabilité de la dot portait les rédacteurs du Code à ne le voir qu'avec défaveur (1) ; aussi, pour que les époux soient réputés l'avoir adopté, faut-il de leur part une déclaration en termes, sinon sacramentels, du moins exprès.

On a exigé aussi, par amour de l'uniformité législative, que, pour le cas où les époux entendraient faire régler leurs intérêts pécuniaires par une ancienne coutume (un danger médiocre aujourd'hui), ils ne se bornassent pas à renvoyer à cette coutume, mais qu'ils reproduisissent, dans leur contrat de mariage, les dispositions qu'ils voudraient adopter.

Depuis le Code, une nouvelle loi (10 juillet 1850) oblige, comme nous l'avons déjà dit ailleurs (2), l'offi-

1. Que n'étaient-ils, et à bien plus juste titre encore, frappés, ces rédacteurs, de toutes les iniquités que le régime de communauté peut entraîner pour la femme !

2. V. dans notre petite Bibliothèque : LES ACTES DE L'ÉTAT CIVIL, p. 79.

cier de l'état civil célébrant un mariage à demander aux époux ainsi qu'aux personnes qui autorisent le mariage, lorsqu'elles sont présentes, s'il a été fait un contrat de mariage, et, dans le cas où la réponse est affirmative, quelle est la date où le contrat a été reçu, quels sont les noms et résidence du notaire qui l'a reçu.

La déclaration faite sur cette interpellation doit être inscrite dans l'acte de mariage.

Le but de cette nouvelle loi est d'empêcher que les femmes, mariées sous le régime dotal, ne trompent les tiers en leur affirmant qu'elles sont mariées sans contrat et en leur dissimulant de cette façon l'inaliénabilité qui affecte leurs immeubles dotaux.

Et voici maintenant la sanction pour le cas où il aurait été déclaré faussement qu'il n'existait pas de contrat : la femme ne pourrait, à l'égard des tiers, arguer de l'inaliénabilité de sa dot, à moins que, dans l'acte même qui contient son engagement, elle n'ait déclaré avoir fait un contrat de mariage.

Disons enfin que le législateur veut bien permettre aux parties de faire par contrat de mariage des conventions de donation ou de société qu'il n'autorise pas en général ; ainsi il permet aux époux la donation, en général prohibée, portant sur des biens à venir, et, de même, la clause de communauté ou de société universelle qu'il n'admet pas en droit commun.

Mais il défend expressément, par appendice aux prohibitions générales destinées à sauvegarder les bonnes mœurs et l'ordre public :

Les clauses contraires aux droits résultant de la puissance maritale sur la personne de la femme et des enfants ; par exemple, en ce qui est de la femme, au droit qu'a le mari de l'autoriser à contracter et à plaider; en ce qui est des enfants, au droit qu'a le mari de déterminer et de diriger, à l'exclusion de la mère, leur éducation;

Les clauses contraires aux droits qui appartiennent au mari comme chef: par exemple, sous le régime de la communauté, au droit qu'a le mari d'administrer, et non en vérité sans un assez large droit *d'administration*, à l'exclusion de la femme (V. plus bas, p. 50), les biens formant la communauté;

Les clauses contraires aux droits conférés par la loi à l'époux survivant : par exemple, au droit qu'a le survivant (père ou mère) de gérer la tutelle des enfants;

Les clauses contraires à l'ordre légal des successions, soit par rapport aux époux eux-mêmes dans la succession de leurs enfants, soit par rapport aux enfants entre eux;

Enfin, et ce dernier chef n'est pas le moins compréhensif, les clauses contraires aux dispositions prohibitives quelconques du Code.

Insistons maintenant sur deux questions, l'une de formes, l'autre, de capacité qui, l'une et l'autre, demandent quelques développements.

Formes du contrat de mariage et des actes modificatifs de ce contrat que la loi permet de faire avant la célébration du mariage

Nous avons dit plus haut que le contrat de mariage, à peine de nullité, d'inexistence, doit être rédigé par acte devant notaire; ajoutons ici qu'il doit être rédigé en minute.

En outre, d'après la loi du 10 juillet 1850, le notaire doit.

1° Donner lecture aux parties du dernier alinéa de l'article 1391 (c'est l'alinéa relatif au cas où l'acte de célébration porte que les époux se sont mariés sans contrat, V. plus loin p. 18) et du dernier alinéa de l'article 1394 du Code civil (c'est l'alinéa reproduit ci-après par notre 2°), et mention de cette lecture doit être faite dans le contrat, à peine de 10 francs d'amende contre le notaire contrevenant ;

2° Délivrer aux parties, au moment de la signature du contrat, un certificat sur papier libre et sans frais énonçant ses noms et lieu de résidence, les noms, prénoms, qualités et demeures des futurs époux ainsi que la date du contrat ; ce certificat indique qu'il doit être remis à l'officier de l'état civil avant la célébration du mariage.

C'est avant le mariage que le contrat de mariage doit être rédigé. Il n'a pas été admis qu'aucun changement, dérivant de la volonté des époux, y pût être apporté durant le mariage, car le législateur a redouté que cédant à un entraînement l'un vers l'autre que, pour notre part, nous trouverions aussi désirable qu'il est naturel et moral, les époux ne se fissent entre eux certains avantages qui nuiraient à leurs héritiers (1).

1. Et puis, ajoute-t-on, l'entraînement pourrait exister d'un côté et ne pas être réciproque. C'est là sans doute un bien grave danger, mais est-ce que les donations entre les époux ne sont pas révocables ? Est-ce qu'il n'existe pas des règles protectrices du libre exercice de la volonté ?

La vérité est que *l'immutabilité*, comme on dit, du contrat de mariage est un legs du moyen âge, et qu'elle est issue de la vieille pensée féodale de la conservation des biens dans les familles.

Bien plus, s'agit-il de changements apportés au contrat de mariage même avant le mariage, le code les soumet à des conditions multiples ; ainsi il faut :

1° Que les changements soient constatés dans la même forme que le contrat primitif, c'est-à-dire par acte devant notaire ;

2° Que toutes les personnes qui ont été parties dans le contrat primitif interviennent dans l'acte destiné à constater les changements, ou, comme s'expriment les textes, dans la *contre-lettre*, y donnent leur consentement simultané (1) ;

3° Que les changements soient rédigés à la suite de la minute du contrat primitif, et, par conséquent, par le notaire qui a reçu ce contrat ou par son successeur.

Il existe une quatrième condition laquelle est que le notaire, à peine de dommages-intérêts envers les tiers et sauf même l'application de peines disciplinaires, s'il y a lieu, ne peut délivrer ni grosses, ni expéditions du contrat de mariage, sans transcrire l'acte modificatif à la suite.

Le notaire a, au surplus, le moyen d'échapper, sur ce dernier chef, à toute responsabilité en prévenant les tiers des changements opérés.

Quant aux deux premières conditions, elles ont pour sanction la nullité de l'acte modificatif, nul même *à l'égard des parties*. C'est ce qui arrive, par exemple, — lorsqu'une des parties refuse son consentement aux changements projetés, — lorsqu'elle est

1. Le mot contre-lettre est, dans ce cas, employé abusivement par le Code. La contre-lettre est un acte destiné à rester secret, tandis que l'acte modificatif du contrat de mariage est, comme ce contrat, destiné à être produit en public.

venue à décéder, — lorsqu'elle a été mise en état d'interdiction.

Dans ce dernier cas, cependant, l'acte modificatif pourrait être autorisé par une délibération du conseil de famille homologuée en justice.

En ce qui concerne la troisième condition, la sanction est celle de la nullité de l'acte, mais seulement *à l'égard des tiers*.

Sont dites *parties* dans le contrat :

Les futurs ;

Les personnes dont l'assistance est nécessaire aux futurs pour que ceux-ci puissent disposer de leurs biens par contrat de mariage ; ainsi, les ascendants, lorsque le futur est mineur de vingt et un ans ;

Les personnes, même étrangères, qui sont intervenues au contrat de mariage pour faire des donations en faveur du mariage.

A l'égard de ces diverses personnes, leur refus de concourir à l'acte modificatif n'entraîne, d'ailleurs, que le droit pour elles de reprendre la donation qu'elles ont faite.

Sont *tiers* tous ceux qui ont à exercer sur les biens des époux, par suite de contrats passés avec eux, des droits que les changements apportés au contrat primitif auraient pour effet d'anéantir ou de restreindre.

Capacité requise pour consentir des conventions matrimoniales

Le mineur habile à contracter mariage est habile à faire un contrat de mariage, mais ce n'est pas par son tuteur qu'il doit, dans le cas du contrat de mariage, être assisté, c'est par les personnes dont le consentement est nécessaire pour la validité du mariage.

Ces personnes sont :

1° Les ascendants ;

2° A défaut d'ascendants, le conseil de famille ;

3° Le tuteur *ad hoc*, dans le cas où s'il s'agit d'un enfant naturel qui n'a point été reconnu, ou qui, après l'avoir été, a perdu ses père et mère, ou dont les père et mère ne peuvent manifester leur volonté.

Notons bien, du reste, que la présence de ces personnes à la rédaction du contrat n'est point indispensable, et qu'elle peut être suppléée — pour les ascendants et pour le tuteur *ad hoc*, par une procuration authentique indiquant en détail les dispositions auxquelles adhèrent ces personnes ; — pour le conseil de famille, par une délibération approuvant en détail les dispositions projetées.

A défaut d'assistance régulière, le contrat est frappé d'une nullité ; et, bien qu'évidemment cette nullité ne devrait pouvoir être invoquée que par le mineur, puisque l'assistance n'est requise que dans l'intérêt du mineur, nos juges, bons logiciens, ont plusieurs fois admis que tous les intéressés ont le droit d'en faire argument.

Quand le mineur est régulièrement assisté, il a, en général, la même capacité qu'un majeur.

Que décider à l'égard de l'interdit qui se marierait dans un intervalle lucide ? Le cas n'est pas pour se présenter tous les jours ; mais enfin, comme bon nombre d'auteurs enseignent qu'un interdit, quand la démence lui donne un répit, en peut profiter pour contracter mariage, allons-nous décider qu'ayant la capacité qu'exige l'union conjugale, il a également celle qu'exigerait le règlement des conditions pécuniaires de cette union ? Les auteurs répondent négativement ; ils veulent que les conventions matrimoniales soient réglées, non par l'interdit, mais par son tuteur muni de l'autorisation du conseil de famille.

Enfin, quant à la personne pourvue d'un conseil judiciaire, celle-ci peut fort bien, sans l'assistance de ce conseil, consentir les conventions ordinaires du mariage; mais il résulte des textes qu'elle ne pourrait, sans l'assistance dudit conseil, conférer au conjoint des avantages plus étendus que ceux auxquels la communauté légale est susceptible de donner lieu (1).

Principales divisions

Nous étudierons :

1° Le régime de communauté ;

2° Ce que le Code nomme « les conventions exclusives de la communauté » ;

3° Le régime dotal.

Le législateur désigne sous le nom de conventions exclusives de la communauté à la fois le *régime sans communauté* dit aussi *régime exclusif de communauté*, (on voit que, dans cette matière, la langue juridique ne se distingue pas précisément par sa clarté) et en outre, le règlement que le Code a porté sur la séparation des biens.

1. Cela peut être déjà un assez joli denier ; or, comme c'est, en général, le mari qui est pourvu d'un conseil judiciaire et que, comme, en général aussi, lorsqu'il en est pourvu, il est plus ou moins ruiné et plus ou moins apte à ruiner sa femme, combien insensés seraient les parents qui marieraient, en pareil cas, leur fille sous une communauté quelconque ! Ajoutons que la Cour de cassation fait, dans la circonstance, bon marché des textes et qu'elle reconnaît au prodigue la capacité de régler, comme il l'entend, sans assistance aucune, ses conventions matrimoniales.

CHAPITRE PREMIER

LE RÉGIME DE COMMUNAUTÉ

On ne peut définir la communauté qu'en disant qu'elle est une société de biens entre époux, mais une société d'un genre à part et dont l'inégalité est la base.

Ce qui forme, en effet, le caractère propre de cette société, c'est l'omnipotence presque complète que la loi attribue à l'un des associés, nous voulons dire au mari (1).

Ainsi, le mari a le pouvoir d'administrer non seulement le fonds commun, mais aussi les biens de la femme, et il a même le droit de disposer du fonds commun sauf certaines restrictions, quelque peu illusoires d'ailleurs.

La femme, de son côté, est autorisée à invoquer certains bénéfices de préservation ou plutôt de défense qui n'appartiennent pas à un associé ordinaire.

Ainsi, elle a, en principe, le droit de ne payer les dettes de la communauté que jusqu'à concurrence de l'émolument qu'elle en retire; elle a même, comme nous le savons déjà, le droit de renoncer à la communauté pour se soustraire entièrement au paiement des dettes.

Le Code fixe d'une façon obligatoire le commen

1. Elle est plutôt extérieure que réelle, *in habitu quam in actu*, disait au vie siècle Dumoulin, confessant la fiction.

cement de la communauté; il veut, à peine de nullité pour toute clause contraire, que la communauté commence du jour de la célébration du mariage.

Toutefois, le contraire a été soutenu, et l'on a dit que la communauté était un être juridique distinct des deux associés, mari et femme, et susceptible, comme être distinct, d'avoir ses droits propres, ses obligations propres, son patrimoine propre.

Mais la seule doctrine exacte professe que, la personnalité civile ne consistant que dans une pure conception, ne s'attestant par rien d'extérieur, les personnes civiles ne peuvent prendre naissance sans que les tiers en soient avertis par une publicité suffisante.

La communauté constitue au surplus, non pas une personne civile, mais un simple état de copropriété entre le mari et la femme, et il en résulte notamment que les créanciers des deux époux ont le droit de venir au marc le franc avec les créanciers de la communauté sur les biens de la communauté (1).

La communauté est dite *légale* ou *conventionnelle*; — légale, c'est-à-dire sous-entendue, selon la loi, par les parties pour tous les cas où elles n'ont pas fait de contrat, et, en réalité, elle se trouve ainsi imposée dans une foule de cas, comme nous l'avons dit; — conventionnelle lorsqu'elle a été stipulée expressément par les époux.

La communauté même légale étant réputée procé-

1. Remarquons que le mot communauté se trouve ainsi avoir trois acceptions; il désigne :

1° Le fait de l'association de biens qui existe entre les époux;

2° L'état de copropriété qui est la conséquence de cette association;

3° Les époux eux-mêmes en tant que communs en biens.

der d'une convention tacite, il s'ensuit, dans la théorie de la loi, que, comme la conventionnelle expresse, elle se rattache à l'intention des parties, et notre logique juridique en déduit encore qu'au point de vue de la loi française, elle est applicable à tous les biens des époux, sans qu'il y ait à distinguer si ces biens sont situés à l'étranger ou en France.

Nous exposerons dans une première partie la communauté légale, dans une seconde, la conventionnelle.

PREMIÈRE PARTIE

La communauté légale

A l'instar de toute société, la communauté légale peut se composer d'un actif et d'un passif; nous allons voir de quelle manière le Code règle la composition des deux.

Actif de la communauté

Nous suivrons dans cette matière la méthode du législateur et nous exposerons :

Quels meubles et quels immeubles tombent dans la communauté ;

Quels meubles et quels immeubles n'y tombent pas.

C'est-à-dire qu'après avoir indiqué, tant pour les

meubles que pour les immeubles, ceux qui sont communs, nous définirons ceux qui ont le caractère de biens propres, ou plus simplement de *propres*.

Par malheur, dans le Code, la nomenclature des biens communs et celle des propres ne forment pas toujours, d'une façon claire ni exacte, la contrepartie l'une de l'autre ; de là, pour certaines choses, des controverses sur le point de savoir si elles entrent ou non pas dans la communauté.

L'actif de la communauté se compose en principe :

1° Des meubles des deux époux ;

2° Des immeubles acquis par eux à titre onéreux (1).

Il faut ajouter :

3° Des fruits des propres des deux époux.

Notons bien ce 3°, car il forme un des traits caractéristiques du régime de communauté et doit être entendu en ce sens que tout ce dont la communauté n'a pas la propriété, elle en a, sauf convention contraire, la jouissance.

Examinons maintenant chacun des trois éléments de l'actif de la communauté.

Biens de communauté

Meubles. — La règle est que tous les meubles qui appartiennent aux époux à l'époque du mariage et tous ceux qu'ils acquièrent, tant à titre gratuit qu'à titre onéreux, durant le mariage, tombent dans la communauté.

Immeubles acquis à titre onéreux. — Il faut assimiler

1. En langue juridique, des *conquêts* ou *acquêts immobiliers*.

aux immeubles acquis à titre onéreux durant le mariage, en d'autres termes, aux conquêts de communauté, les immeubles acquis dans l'intervalle des deux contrats en échange de choses mobilières destinées à tomber dans la communauté, à moins que le fait n'ait été prévu au contrat de mariage et qu'il n'y ait été dit que les immeubles à acquérir de cette façon formeraient des propres.

Le but de cette décision de la loi est d'empêcher que, dans l'intervalle des deux contrats, un époux ne convertisse ses valeurs mobilières en immeubles et ne diminue ou n'anéantisse ainsi l'actif qui devrait entrer de son chef dans la communauté au jour de la célébration du mariage.

Fruits des propres. — A vrai dire, il était inutile de mentionner les fruits des propres comme entrant dans l'actif de la communauté; car les fruits des propres sont des meubles et ce troisième élément se trouve, en définitive, n'être qu'une extension du premier (1).

Ce droit de la communauté aux fruits des propres soit mobiliers soit immobiliers, c'est, en somme, comme nous l'avons dit, un droit de jouissance sur les propres, lequel droit de jouissance est soumis aux règles de l'usufruit, sauf exception (V. plus bas).

1. Mais pourquoi les fruits des propres entrent-ils en communauté?

C'est, dit Pothier, parce que, toutes *les charges* du mariage devant tomber sur la communauté, il était juste de lui donner les fruits des propres pour les supporter.

Hypothèse; toutes les charges viennent du mari, tous les fruits des propres de la femme; j'ai grand' peur que *la justice* qu'invoque Pothier ne tourne souvent à l'injustice.

C'est ainsi que la communauté acquiert les fruits naturels par la perception et les fruits civils jour par jour.

C'est ainsi encore qu'elle acquiert les coupes pratiquées dans les bois et les produits extraits des mines et des carrières qui appartiennent en propre aux époux, lorsque, d'après les règles de l'usufruit, ces coupes et ces produits peuvent être considérés comme des fruits (1).

De même, la théorie du quasi-usufruit s'applique, au profit de la communauté, aux produits des mines et des carrières, ouvertes durant le mariage, ainsi qu'aux coupes pratiquées dans les bois qui ne sont pas en coupes réglées ; c'est-à-dire que la communauté acquiert la propriété de ces différents produits parce que ce sont des choses fongibles, des choses de nature à pouvoir être remplacées par un équivalent de même sorte (2), mais qu'elle en doit *récompense* (3).

Mais une première différence entre l'usufruit ordinaire et l'usufruit de la communauté sur les propres, c'est que, tandis que les perceptions de fruits qui ont été négligées sur le fonds sujet à usufruit ne donnent lieu à aucune récompense au profit de l'usufruitier lorsque l'usufruit vient à cesser avant que la récolte soit faite, au contraire, les perceptions négligées sur les propres de l'un des époux donnent

1. V. dans notre Bibliothèque : LES SERVITUDES, p. 26.
2. V. dans notre Bibliothèque : LES SERVITUDES, p. 19.
3. Dans la langue du régime de communauté, on appelle *récompense* toute indemnité due par la communauté à l'un des époux, ou par l'un des époux à la communauté, ou par l'un des époux à l'autre époux.

lieu à une récompense au profit de la communauté lorsque la communauté vient à se dissoudre avant que la récolte soit faite (1).

Mentionnons, comme autre différence fort notable entre l'usufruit ordinaire et l'usufruit de la communauté, ce nouveau point, à savoir que la communauté usufruitière n'est astreinte ni à faire inventaire ni à fournir caution.

Dénombrement des propres mobiliers et des propres immobiliers

Propres mobiliers. — La règle est que les biens mobiliers sont communs ; on ne peut donc suppléer la cause de propres, quand il s'agit de meubles, car ce n'est qu'à titre d'exception qu'elle se présente.

Sont des propres mobiliers :

1° Les meubles substitués durant la communauté aux propres de l'un des conjoints : ainsi, la créance provenant de la vente de l'immeuble propre de l'un des conjoints ;

2° Les meubles donnés ou légués à l'un des conjoints, soit avant, soit durant le mariage, sous la condition qu'ils seront propres au donataire ou au légataire ;

3° Les meubles qui, sans être des fruits, proviennent, durant le mariage, d'un immeuble propre à l'un des époux : ainsi, les produits des mines ou des carrières ouvertes durant le mariage ; les arbres de

1. V. dans notre Bibliothèque : LES SERVITUDES, p. 17

haute futaie abattus durant le mariage sur l'immeuble propre du mari ou de la femme ;

4° Les traitements, pensions ou rentes, que la loi déclare insaisissables : ainsi, les traitements de réforme ou pensions de retraite, et les sommes et pensions pour aliments, encore que l'auteur de la disposition ne les ait pas lui-même déclarés insaisissables.

Propres immobiliers. — La règle qui fait tomber les immeubles en communauté ne s'appliquant qu'à une certaine catégorie d'immeubles, il en résulte que les propres immobiliers sont ou des immeubles ne rentrant pas dans la règle, ou des immeubles y faisant exception.

Ont le caractère de propres immobiliers comme ne rentrant pas dans la règle :

1° Les immeubles dont les époux sont propriétaires au jour de la célébration du mariage.

Ce cas comprend même les immeubles par rapport auxquels l'existence du droit de propriété n'est reconnué que pendant le mariage, ou se trouve subordonnée à une condition qui ne se réalise qu'après la célébration du mariage, comme aussi les immeubles acquis par l'un des époux au moyen d'une prescription commencée avant et achevée pendant le mariage.

2° Les immeubles acquis par les époux à titre de succession, donation ou legs, à moins que le disposant n'ait exprimé une volonté contraire.

Ont le caractère de propres immobiliers comme formant exception à la règle :

1° Les immeubles abandonnés ou cédés à l'un des époux par un de ses ascendants, soit en payement de ce que l'ascendant doit à l'époux, soit à la charge, pour l'époux cessionnaire, de payer les dettes du cédant. (1)

Dans ce double cas, bien entendu, la communauté a droit à une récompense égale à la valeur de la créance dont elle a été privée ou au montant des dettes qu'elle a acquittées.

2° Les immeubles qui, en vertu d'une idée de subrogation (2), prennent la place d'un propre, soit mobilier, soit immobilier : ainsi, l'immeuble acquis en échange d'un propre, l'immeuble acquis en remploi (3) d'un propre aliéné.

3° Les portions d'immeubles acquises sur licitation, ou à tout autre titre onéreux, par l'époux qui avait dans ces immeubles une part indivise formant un propre.

On suppose un époux copropriétaire par indivis d'un certain immeuble, par exemple, à raison de l'ouverture d'une succession dans laquelle il est héritier ou de la dissolution d'une société dont il était membre ; cet époux acquiert sur licitation, ou bien encore par adjudication sur saisie, la portion de son copropriétaire ; cette portion reçoit le caractère de celle qui appartenait déjà à l'époux, et, de cette façon, la totalité de l'immeuble devient un propre.

1. C'est ce qu'on nomme l'*accommodement de famille.*

2. *Subrogation*, c'est substitution. Si c'est une chose qui est substituée à une chose, la subrogation est dite *réelle ;* si c'est une personne qui est substituée à une personne, la subrogation est qualifiée de *personnelle.* (Sur la subrogation personnelle V. dans notre Bibliothèque : LA CESSION DE CRÉANCE.)

3. On appelle *remploi* l'affectation d'un certain bien, à titre de propre, au remplacement d'un propre aliéné. (V. plus bas, p. 52.)

Ajoutons que si c'est la femme qui est ainsi copropriétaire d'un immeuble et que, durant la communauté, le mari se rende acquéreur de tout ou partie de cet immeuble, soit en son nom personnel, soit au nom de la communauté, la femme aura le droit, à l'époque de la dissolution de la communauté, ou d'abandonner l'immeuble à la communauté, qui deviendra alors débitrice envers la femme de la portion appartenant à celle-ci, ou de retirer l'immeuble en remboursant à la communauté le prix de l'acquisition (1).

On professe, en général, que le droit d'option que nous venons de définir ne peut, d'ailleurs, être exercé par la femme qu'à l'époque de la dissolution de la communauté (2).

Nota. — Après avoir présenté le dénombrement tant des meubles que des immeubles qui sont certainement des propres, il nous resterait maintenant à examiner les cas, et ils ne sont pas peu nombreux, sur lesquels un débat s'élève. Nous nous bornerons à

1. C'est là un des nombreux palliatifs imaginés pour *protéger* la femme contre les conséquences du régime de communauté; mais, hélas! elle est douteuse, l'efficacité de la protection, et ce qui ne l'est pas, c'est qu'un immeuble, dans de telles conditions, ne saurait ni entrer dans la circulation ni fournir un moyen de crédit, car qui consentirait à accepter un droit de propriété ou d'hypothèque que la seule volonté de la femme peut faire évanouir à la date la plus imprévue?

2. Si la femme avait le droit d'exercer son option durant la communauté, le mari, dit-on, pourrait l'influencer et la porter à prendre le parti le plus favorable à ses propres intérêts.

Une législation judicieuse éviterait de mettre en conflit l'intérêt du mari et celui de la femme.

indiquer les plus pratiques en leur donnant la solution qui nous paraît devoir être préférée.

Ainsi, d'abord, le droit de reprise que l'un des époux peut exercer sur une précédente communauté à raison de ce que ses propres ont été aliénés et non remployés, tombe-t-il nécessairement dans la nouvelle communauté de cet époux ?

Nous sommes d'accord avec la plupart des auteurs pour penser que le droit de reprise est mobilier ou immobilier selon que, par l'effet du partage, l'époux dont les propres ont été aliénés et non remployés se trouve reprendre des meubles ou des immeubles.

Doit-on admettre que les œuvres scientifiques, littéraires et artistiques tombent dans la communauté?

L'affirmative est certaine puisqu'il s'agit de meubles et qu'aucun texte n'a créé d'exception pour les œuvres scientifiques, littéraires et artistiques (1).

Il en est de même pour la valeur vénale des offices (2).

1. Le principal argument que l'on invoque contre cette solution est tiré des conséquences qu'elle entraîne; ainsi, la communauté est-elle dissoute par la séparation de corps prononcée contre le conjoint de l'auteur, celui-ci va se trouver copropriétaire de son œuvre — la création de sa pensée — avec son conjoint — animé de quels sentiments! Et si c'est par le prédécès du conjoint que la communauté est dissoute, voilà que c'est l'auteur qui est dans l'indivision avec les héritiers de son conjoint.

Il est vrai qu'on lui accorde, nous ignorons sur quel fondement, le droit de gérer exclusivement la propriété de son livre, en indemnisant soit son conjoint, soit les héritiers de son conjoint?

Ah! le régime de communauté conduit à d'étranges aventures.

Voir, au surplus, dans notre Bibliothèque : La PROPRIÉTÉ LITTÉRAIRE ET ARTISTIQUE.

2. La Révolution avait aboli la vénalité des offices; mais, pour

Voici maintenant un cas plus difficultueux, mais qui, de nos jours, peut se rencontrer assez fréquemment. On suppose que l'un des époux a une part dans une société commerciale déjà dissoute, ou dans une succession déjà ouverte, mais non encore liquidée au moment de la célébration du mariage ; on suppose, en outre, que l'actif de la société ou de la succession comprend des meubles et des immeubles ; que décider en ce qui concerne le règlement des droits de la communauté par rapport à la part de l'époux dans la société ou dans la succession ?

Nous distinguons entre le partage en nature et le partage avec soulte ou la licitation. Nous appliquons au partage en nature la règle du partage déclaratif, c'est-à-dire que, d'après notre sentiment, l'on doit attendre que le partage ait déterminé la part de l'époux dans les meubles et dans les immeubles et que, selon la règle, les meubles tomberont dans la communauté, tandis que les immeubles resteront propres. Pour le partage avec soulte ou pour la licitation, il y a à considérer la soulte ou le prix de la licitation comme revêtant le caractère juridique de la chose dont ils tiennent la place dans le lot de l'époux copropriétaire (1).

Enfin, lorsqu'un immeuble est acquis en échange d'un propre soit mobilier, soit immobilier, cet immeuble devient-il propre pour le tout à l'époux qui était propriétaire de l'immeuble échangé, quelle que soit,

faire face aux charges que l'Empire lui léguait, et parce qu'aussi ce retour à un ancien abus n'était pas pour lui répugner, la Restauration la rétablit (loi du 28 avril 1816).

1. V. dans notre Bibliothèque : LES SUCCESSIONS, p. 85 et 86.

d'ailleurs, l'importance de la soulte payée par cet époux à son coéchangiste ?

A nos yeux, la question est avant tout une question de fait ; les tribunaux ont d'abord à rechercher l'intention des parties ; s'ils décident qu'il y a échange, l'immeuble formera un propre, sauf à ce que l'époux indemnise la communauté de la somme qu'elle aurait fournie à titre de soulte ; s'ils se prononcent pour la vente, l'immeuble tombera dans la communauté ; si enfin ils reconnaissent qu'il y a mi-partie vente, mi-partie échange, l'immeuble sera commun au prorata de la somme donnée pour l'acquérir, et propre pour le surplus.

Passif de la communauté

La matière du passif de la communauté est remplie de complications et elle donne lieu à une foule de recours. Une des critiques les plus graves, auxquelles, en outre, elle prête, c'est de ne présenter, en général, qu'une corrélation toute superficielle et souvent tout inique avec les règles qui gouvernent la composition de l'actif.

C'est, au surplus, ce qui ressortira de l'exposé qui va suivre.

Enumérons d'abord les différents chefs du passif et prévenons certaines confusions dans lesquelles, faute d'explications préalables, il serait facile de tomber.

On peut comprendre les dettes qui composent le passif de la communauté sous les cinq chefs suivants, savoir :

1° Les dettes mobilières des époux antérieures au mariage;

2° Toutes les dettes qui viennent grever le mari pendant le mariage;

3° Les dettes qui, durant le mariage, viennent grever la femme, soit en général autorisée par le mari, soit même, dans certains cas, autorisée par la justice;

4° Les charges usufructuaires;

5° Les charges du mariage.

Il faut bien noter que, si toutes les dettes qui rentrent dans ces cinq catégories sont des dettes de communauté, toutes cependant ne tombent pas dans la communauté de la même manière; les unes, en effet, n'y tombent qu'à titre provisoire et sauf récompense, c'est-à-dire sauf recours contre l'époux que ces dettes concernent; d'autres, au contraire, y tombent à titre définitif et sans récompense.

Aux dettes de communauté, on oppose les dettes personnelles des époux.

A l'égard des créanciers, une dette est commune ou personnelle, ou tout ensemble commune et personnelle, selon que le payement en peut être poursuivi seulement sur les biens de la communauté ou seulement sur les biens personnels de l'un des époux, ou tout ensemble sur les biens de la communauté et sur les biens personnels de l'un des époux ou même de tous les deux.

Mais remarquons tout de suite qu'en raison des droits du mari sur la communauté, toute dette personnelle du mari est en même temps une dette de la communauté, ce qui entraine la réciproque que toute dette de la communauté est en même temps une dette du mari.

A l'égard des époux, une dette ne peut être en même temps commune et personnelle ; elle est simplement commune ou simplement personnelle, selon qu'elle doit être supportée définitivement par la communauté ou par l'époux, quels que soient, d'ailleurs, les biens que les créanciers aient le droit de poursuivre.

Examinons maintenant un à un chacun des différents chefs du passif de la communauté.

Dettes mobilières des époux antérieures au mariage.

« Qui épouse le corps épouse les dettes », disaient, dans un langage médiocrement relevé, nos bons ancêtres.

C'est là le principe qui s'applique pour les dettes mobilières des époux antérieures au mariage, quelle que soit leur origine.

Est *mobilière* la dette qui porte sur un meuble ; ainsi, toutes les dettes qui ont pour objet une somme d'argent.

Est *immobilière* la dette qui porte sur un immeuble. Aujourd'hui que la propriété se transfère par le seul consentement, les cas de dettes immobilières sont rares : tel serait cependant celui où quelqu'un se serait engagé à transférer la propriété d'un immeuble indéterminé, par exemple, un de ses immeubles situés en Algérie (1).

Il y a d'ailleurs à remarquer que le principe sus-

1. V. dans notre Bibliothèque : LES CONTRATS.

énoncé, pour le mari comporte une extension, pour la femme une restriction.

A l'égard du mari, l'extension consiste en ce que la communauté est tenue même des dettes immobilières du mari antérieures au mariage, car c'est aussi, selon le Code, *un principe* que le mari ne peut être obligé, sans que la communauté le soit également. Mais, dans ce cas, la communauté a droit à récompense.

A l'égard de la femme, la restriction consiste en ce que la communauté n'est tenue des dettes, même mobilières, de la femme qu'autant qu'elles sont constatées par des actes ayant acquis date certaine antérieurement au mariage (1).

A noter que cette disposition n'est pas applicable :

Aux obligations contractuelles qui n'excèdent pas 150 francs ou dont la loi admet la preuve testimoniale même au-dessus de cette somme, c'est-à-dire à celles pour lesquelles il existe un commencement de preuve par écrit, et à celles aussi pour lesquelles il est physiquement ou moralement impossible de présenter une preuve écrite (2) ;

1. On sait qu'en langage technique, la date dite *certaine*, c'est la date certaine même vis-à-vis des tiers, la date opposable aux tiers.

L'acte sous seing privé acquiert date certaine :

1° Par l'enregistrement ;

2° Par la mort du signataire ou d'un des signataires ; il est réputé alors avoir été signé au plus tard le dernier jour de la vie du signataire décédé ;

3° Par la relation de la substance de l'acte dans un autre acte dressé par un officier public ; il est réputé alors avoir été signé au plus tard à la date de l'acte qui en relate la substance.

2. On appelle commencement de preuve par écrit un écrit qui

Aux obligations dont la femme était tenue comme marchande publique (1) avant son mariage.

En dehors de ces exceptions, les dettes mobilières de la femme qui n'ont pas acquis date certaine antérieurement au mariage ne peuvent être poursuivies que sur la nue propriété des immeubles propres de la femme. Cependant, si le mari a payé une dette de cette nature, on déclare qu'il a par là même reconnu que la dette avait été contractée avant le mariage, et on lui refuse le droit de demander récompense à la femme ou à ses héritiers.

Mais c'est d'une manière générale que cette question de la récompense doit être résolue pour les dettes mobilières des époux antérieures au mariage ; comment donc doit-elle l'être ?

De la façon la plus simple.

En effet, ne tombe dans la communauté que — sauf récompense — toute dette qui se rapporte à un bien devenu un propre de communauté, et, à l'inverse, tombe dans la communauté — sans récompense —

en général doit émaner de celui auquel on l'oppose et qui, sans faire preuve complète, rend au moins vraisemblable le fait allégué : ainsi, par exemple, selon l'opinion commune, l'acte sous seing privé contenant une obligation unilatérale de payer une somme d'argent et qui, écrit d'une autre main que celle de l'obligé, n'est pas revêtu d'un *bon* ou *approuvé* écrit par lui.

Quant aux obligations pour lesquelles il est physiquement ou moralement impossible de présenter une preuve écrite, on peut citer celles qui dérivent d'un délit ou d'un quasi-délit, ou encore celles dont un cas fortuit a anéanti la preuve écrite.

Pour plus de développements, V. dans notre Bibliothèque : LA PREUVE EN MATIÈRE CIVILE ET COMMERCIALE.

1. Cette expression bizarre de marchande *publique* signifie simplement la femme marchande, la femme commerçante.

toute dette qui ne se rapporte pas à un bien devenu un propre de communauté.

Ainsi, par exemple, supposons que le mari ait fait construire, avant le mariage, une maison sur un de ses immeubles et qu'il n'ait pas payé son architecte ; a-t-il eu soin, en habile homme, de vendre ses immeubles avant le mariage, la communauté est tenue de payer l'architecte et ne peut exercer aucun recours contre le mari, car l'immeuble sur lequel a été construite la maison non payée ne sera pas devenu un propre (1).

Dettes du mari pendant le mariage

Voici en quels termes, sur ce point, s'exprimait, au dernier siècle, l'inspirateur du Code en tant de matières, le vieux Pothier.

« Le mari, disait-il, étant, pendant que le mariage et la communauté durent, seul maître de cette communauté, ayant le droit d'en disposer à son gré, tant pour sa part que pour celle de sa femme, sans son consentement, même de perdre ou de dissiper les biens qui la composent ; c'est une conséquence que la communauté est tenue de toutes les dettes qu'il contracte pendant que durent le mariage et la communauté ».

1. Rien de plus facile, comme on le voit, à l'un des époux, au mari en particulier, de faire tomber dans la communauté sans récompense une dette concernant un de ses immeubles. Il n'a pour cela qu'à vendre cet immeuble, et la loi, naïve, se plaît à penser qu'apportant la dette dans la communauté il aura, à coup sûr, la délicatesse d'y apporter aussi le prix de son immeuble. Mais s'il ne l'apporte pas, ce prix, et s'il n'apporte que la dette !...

Le principe accepté, Pothier avait raison pour la conséquence.

Ainsi, il n'y a pas à distinguer pour quelle cause (contrats, quasi-contrats, délits, quasi-délits, loi) (1) le mari se trouve obligé : toute dette qui le grève grève pareillement la communauté.

Quant à la question de récompense, il y a à dire que le mari doit une récompense à la communauté pour toutes les dettes se rapportant à un fait qui lui procure un profit personnel ou qui engage sa responsabilité.

Ainsi, en premier lieu, s'agit-il de successions (2) ou donations advenues au mari, la communauté, suivant le principe qui veut qu'elle soit obligée, toutes les fois que le mari l'est, sera tenue de toutes les dettes mobilières ou immobilières sans distinction résultant de ces successions ou donations ; mais, quant à la récompense, il y a à distinguer :

Si l'actif est purement mobilier, la communauté qui gagne tout l'actif n'a droit à aucune récompense ;

Si l'actif est purement immobilier, la communauté qui ne gagne aucune partie de l'actif a droit à récompense pour toutes les dettes qu'elle a payées ;

Si l'actif est partie mobilier et partie immobilier, la communauté qui ne gagne que l'actif mobilier a

1. V. dans notre Bibliothèque : LES CONTRATS, p. 12 et 13, note.

2. Il faut appliquer ici à la succession testamentaire, aux legs universels ou à titre universel, les mêmes décisions qu'à la succession ab intestat, et nous avons, au surplus, dit ailleurs que dans la théorie juridique exacte, sinon dans celle du Code, la succession ab intestat n'est, pour le fond, qu'un mode de la succession testamentaire, qu'elle est le testament présumé par la loi de ceux qui n'en ont pas fait. (V. dans notre Bibliothèque : LES SUCCESSIONS, Idées générales, p. 7 et suivantes.)

droit à une récompense proportionnelle à la valeur des immeubles comparée à celle des meubles, et la portion contributoire du mobilier se règle d'après l'inventaire auquel le mari doit faire procéder A défaut d'inventaire, la femme ou ses héritiers sont admis à établir tant par titres que par témoins et par commune renommée la consistance et la valeur du mobilier (1).

S'agit-il, en second lieu, de dettes résultant de délits ou de quasi-délits du mari :

Pour les délits, la communauté devra en supporter toutes les conséquences pécuniaires, amendes et réparations pécuniaires (2), mais sauf récompense, aussi bien en ce qui est des réparations pécuniaires que des amendes (3);

Pour les quasi-délits, s'ils consistent dans des faits imputables au mari, comme administrateur de la

1. On appelle *commune renommée* un témoignage dans lequel on interroge les témoins non seulement sur ce qu'ils savent par eux-mêmes, mais sur ce qu'ils ont entendu dire.

Quant à l'application de la règle que nous venons de formuler pour les successions partie mobilières, partie immobilières, elle est fort simple ; expliquons-la cependant par un exemple :

Soit une succession comprenant 100,000 francs de meubles et 200,000 francs d'immeubles qui est échue au mari ; si le passif est de 75,000 francs, la communauté n'ayant gagné qu'un tiers de l'actif et supporté tout le passif, c'est une récompense des deux tiers du passif, soit de 50,000 francs, qui lui est due.

2. Les *réparations pécuniaires*, ce sont les dommages-intérêts dus à la personne qui a souffert d'un délit.

3. Certains auteurs, bien étrangement, n'admettent pas la récompense pour les réparations pécuniaires et ne veulent pas que le mari porte, en définitive, la responsabilité pécuniaire de son délit. La jurisprudence a eu le bon sens de se prononcer en sens contraire.

communauté, la communauté en doit la réparation, sans pouvoir prétendre à une récompense; mais elle est, au contraire, fondée à réclamer une récompense si les quasi-délits consistent dans des faits étrangers à l'administration de la communauté (1).

Dettes qui, pendant le mariage, viennent grever la femme.

Ce chef du passif offre encore de plus grandes complications que les précédents et il y a tout d'abord à y distinguer :

Les dettes de la femme résultant d'une cause autre que l'acceptation de successions (2) ou donations;

Les dettes de la femme résultant de l'acceptation de successions ou donations.

Examinons successivement chacune de ces deux catégories de dettes.

Dettes de la femme résultant d'une cause autre que l'acceptation de successions ou donations. — Lorsque la femme s'oblige par un contrat ou par un quasi-contrat avec l'autorisation de son mari (3), sa dette, en général, tombe dans la communauté, et

1. Ce n'est pas peu compliqué, mais nous n'y pouvons rien; et, si c'est compliqué en droit, qu'est-ce donc dans les faits?

Petit mal, en définitive, lorsqu'au lieu d'un système arbitraire et d'une logique tout extérieure, c'est le droit véritable, l'Idée du Juste qui impose la complication!

2. Nous répétons que ce que nous disons des successions s'applique également aux legs universel et à titre universel.

3. Remarquons que la femme marchande publique, contractant pour le fait de son commerce, doit toujours être présumée autorisée par son mari, car elle ne peut être marchande publique sans l'autorisation de son mari. V. dans notre Bibliothèque : LES OBLIGATIONS DES COMMERÇANTS.

le créancier obtient le maximum pour l'étendue du droit qui peut lui appartenir, car il a le droit de poursuivre à son gré, pour le tout, la communauté, le mari ou la femme (1).

Et la femme, ne fût-elle autorisée à contracter que par la justice, il en sera de même encore si la dette se rapporte à un intérêt commun, par exemple si le mari étant présumé ou déclaré absent, il s'agit d'établir les enfants communs.

Dans tous les autres cas, c'est-à-dire pour les

1. Le Code indique une exception pour le cas où la femme vend avec l'autorisation de son mari un de ses immeubles propres ; le mari n'est pas garant de la vente, il n'est pas obligé par le fait de l'autorisation qu'il a donnée à la vente. En effet, disent les auteurs, soucieux d'expliquer cette exception, l'affaire, dans la circonstance, ne concerne bien évidemment que la femme.

Mais l'évidence que l'on invoque ici n'est rien moins pour nous que l'évidence, et ce qu'au contraire l'observation de la vie journalière nous porte à dire, c'est que, lorsque le mari autorise la femme à vendre un de ses immeubles propres, il le fait parce que l'intérêt des affaires communes ou les besoins du ménage l'exigent, et c'est dans ses mains, non dans celles de la femme, que passe le prix de la vente.

Au surplus, en tenant pour exact, relativement à notre cas, ce qu'affirment les auteurs, pourquoi alors n'est-il pas de règle que le mari et la communauté ne soient pas non plus obligés dans tous les autres cas où, comme dans celui-là, l'acte autorisé ne concerne évidemment que la femme ?

Mais pourquoi est-il impossible de voir dans le régime de la communauté autre chose qu'un assemblage de règles plus ou moins cohérentes ou incohérentes que domine partout l'arbitraire de la loi et du juge !

Tout à l'heure nous rencontrerons un autre cas, celui des successions purement immobilières échues à la femme, où l'autorisation du mari n'a pas non plus pour effet d'obliger le mari ni la communauté. (V. p. 48.)

dettes résultant de délits, de quasi-délits, de la volonté de la loi, et pour les dettes contractées avec l'autorisation de justice qui ne se rapportent pas à un intérêt commun (1), le créancier n'a le droit de poursuivre que la femme.

Notons bien, d'ailleurs, que lorsque le mari et la communauté sont obligés pour une dette personnelle de la femme, ils ne le sont que sauf récompense ; ils peuvent être poursuivis pour le tout, mais, s'ils payent, ils ont le droit de demander à la femme une indemnité pour le tout.

Notons encore :

Que la dette *solidaire* du mari et de la femme, c'est-à-dire celle que chacun des deux s'est obligé, à défaut de l'autre, à payer en entier, ne saurait comporter pour le créancier plus d'avantages que la dette personnelle de la femme autorisée par son mari, et que la différence entre les deux cas n'a trait qu'aux rapports des deux époux l'un avec l'autre, la femme solidaire n'étant réputée, sauf preuve contraire, à l'égard de son mari, s'être obligée que comme caution, et devant être, en principe, si elle paye, indemnisée pour le tout, ce qui est juste l'inverse de ce que nous venons de dire pour le cas de la dette personnelle ;

Que la dette *conjointe* du mari et de la femme, c'est-à-dire celle que le mari et la femme ensemble se sont obligés personnellement à payer, confère au créancier le même droit que les deux précédentes

1. En fait, les dettes contractées par la femme avec l'autorisation de la justice ne concernent pas d'ordinaire l'intérêt commun.

vis-à-vis du mari et de la communauté, mais ne permet au créancier de poursuivre la femme que pour moitié, et que, pour cette moitié, la femme, comme dans le cas de la dette solidaire, n'est réputée, sauf preuve contraire, à l'égard de son mari, s'être obligée que comme caution et a un recours contre lui pour ce qu'elle paie.

Dettes de la femme résultant de l'acceptation de successions ou donations. — Pour les successions ou donations purement mobilières, si l'acceptation a eu lieu avec l'autorisation du mari, la communauté est tenue de toutes les dettes mobilières ou immobilières, et, comme elle gagne tout l'actif, elle n'a droit à aucune récompense. Si l'acceptation a eu lieu avec l'autorisation de justice, il faut distinguer : si le mari a fait dresser un inventaire, la communauté ne peut être poursuivie que jusqu'à concurrence de l'émolument qu'elle recueille; si le mari n'a pas fait dresser d'inventaire, c'est comme s'il avait reconnu que l'actif n'est point inférieur au passif et adhéré à l'acceptation.

Pour les successions et donations purement immobilières, que l'acceptation ait lieu avec l'autorisation du mari ou avec celle de la justice, la communauté n'est point tenue des dettes.

Cependant, il y a intérêt à distinguer si c'est le mari ou la justice qui a autorisé l'acceptation; dans le premier cas, les créanciers ont le droit de poursuivre non seulement la pleine propriété des biens de la succession, mais aussi la pleine propriété des biens de la femme; dans le second cas, les créanciers de la succession n'ont le droit de poursuivre, outre la pleine propriété des biens de la succession, que la nue propriété des biens de la femme.

Enfin, pour les successions et donations, à la fois mobilières et immobilières, il faut appliquer au droit de poursuite des créanciers les mêmes règles que pour les successions purement mobilières. Quant à la récompense à laquelle a droit la communauté, elle est proportionnelle à la valeur des immeubles comparée à celle des meubles (1).

Charges usufructuaires

Ces charges comprennent notamment les intérêts et arrérages des dettes ou des rentes personnelles qui incombent aux époux (2) ; de plus, les réparations usufructuaires.

Charges du mariage

Tels sont, par exemple, les aliments des époux, les frais d'éducation et d'instruction des enfants.

Ajoutons que le Code met aussi à la charge de la

1. De même que dans le cas correspondant pour le mari (V. plus haut, p. 44), la valeur des meubles est constatée par un inventaire : ou à défaut d'inventaire, par titres, témoins et commune renommée.

2. C'est toujours le même système de symétrie toute théorique ; la communauté gagne l'usufruit des propres, s'est dit le législateur, donc elle doit supporter ce qui, passivement, correspond à cet usufruit, c'est-à-dire l'intérêt des dettes propres ; mais il peut fort bien arriver que justement un des époux ait des dettes propres sans avoir de biens propres, et, quoique la communauté, dans ce cas, ne bénéficie d'aucun usufruit du chef de cet époux, elle n'en supporte pas moins, sans recours possible, l'intérêt des dettes dont cet époux est tenu.

communauté les frais d'apposition des scellés et ceux de l'inventaire dressé après la dissolution de la communauté, ainsi que les frais de partage et de liquidation de la masse commune.

ADMINISTRATION DES BIENS DE LA COMMUNAUTÉ

Le gouvernement de la communauté appartient au mari qui a le droit de faire tous les actes que la loi ne lui défend pas; or, ce qu'elle lui défend n'est guère de nature à le gêner (1).

Les restrictions apportées au pouvoir du mari ne concernent que la disposition à titre gratuit, qu'elle soit d'ailleurs entre-vifs ou testamentaire.

En tant qu'il s'agit de la disposition entre-vifs à titre gratuit, le Code défend au mari de donner :

Des immeubles de communauté, si ce n'est pour l'établissement par mariage des enfants communs ou autrement;

L'universalité ou une quotité du mobilier, si ce n'est aussi pour l'établissement des enfants communs;

Enfin, même des meubles individuels dans le cas où il s'en réserverait l'usufruit (2).

1. Le Code de la Convention, rappelons-le, avait posé ces deux bases :

« Les époux règlent librement les conditions de leur union... »

« A défaut de conventions, les époux ont ou exercent un droit égal pour l'administration de leurs biens. »

2. C'est-à-dire, par argument contraire, qu'à la condition qu'il ne s'en réserve pas l'usufruit, le mari a le droit de donner cent mille francs en argent par exemple, car ce n'est là qu'un meuble individuel; mais qu'il ne s'avise pas de donner quelques mètres de terrain, la loi serait violée! Disposition issue d'un état

Si le mari contrevient aux défenses qui lui sont faites, la donation est-elle nulle ? On admet, en général, que la donation, quoique nulle à l'égard de la femme, n'en est pas moins, dans tous les cas, valable à l'égard du mari ou de ses héritiers. Mais l'effet change selon que l'objet tombe, à l'époque du partage de la communauté, dans le lot du mari ou de ses héritiers, ou dans le lot de la femme : dans le premier cas, la donation s'exécute en nature ; dans le second, elle s'exécute par équivalent, en argent.

Que si la femme a consenti à la donation, les auteurs controversent vivement le point de savoir si la donation lui devient opposable. La raison dirait que oui.

En tant qu'il s'agit de la disposition testamentaire, le mari ne peut disposer des biens communs que jusqu'à concurrence de sa part dans la communauté.

Dans le cas où le legs fait par le mari excéderait cette mesure, il ne pourrait avoir effet, pour le tout, sur les biens communs qu'autant que la femme renoncerait à la communauté ; sinon, il serait réductible, à l'égard de la communauté, jusqu'à concurrence de la part revenant au mari ; mais le légataire aurait le droit de se faire payer le surplus sur les biens du mari.

Lorsque le mari a légué un objet individuel faisant partie de la communauté, le Code décide que le legs est, dans tous les cas, valable et qu'il doit s'exécuter

social où la fortune mobilière était de peu d'importance par rapport à l'immobilière.

Mais quel mari, au surplus, serait porté, toutes prohibitions légales à part, à dissiper en donations le patrimoine de la communauté ?

soit en nature, soit par équivalent, selon que l'objet légué tombe dans le lot des héritiers du mari ou dans celui de la femme.

Mais, sans que l'on puisse expliquer la différence de la solution, si c'est la femme qui lègue un immeuble de communauté, le legs ne vaut qu'autant que l'immeuble légué tombe dans le lot des héritiers de la femme.

ADMINISTRATION DES BIENS PERSONNELS DE LA FEMME

C'est, dit-on, pour le mari un nouvel attribut de la puissance maritale que le pouvoir d'administrer, outre les biens de la communauté, les biens propres de la femme ; cependant, si les époux font un contrat, et quoiqu'il soit difficile de comprendre qu'il soit permis de déroger à une puissance que l'on proclame d'ordre public, la femme a le droit de stipuler que c'est elle qui administrera elle-même ses biens.

Du reste, en tant qu'il s'agit de l'administration des biens propres de la femme, le mari n'a plus la quasi-omnipotence dont il jouit pour les biens de la communauté ; il n'a que les pouvoirs de tout administrateur de la fortune d'autrui.

Ainsi le mari est chargé d'exercer toutes les actions mobilières et possessoires qui appartiennent à la femme, mais non pas, en général, les pétitoires immobilières (1).

1. L'action *mobilière* est celle qui a rapport à un meuble.

L'action *possessoire* est celle qui tend à faire cesser le trouble apporté à la possession d'un certain objet (c'est l'action dite

Il ne peut aliéner ni les propres immobiliers ni même les propres mobiliers de la femme sans son consentement (1).

Il est tenu de faire les grosses réparations qu'exigent les propres de la femme, étant d'ailleurs en outre obligé, en qualité d'administrateur des biens de la communauté usufruitière, de faire les réparations d'entretien (2).

---

complainte) ou à recouvrer la possession de cet objet (c'est l'action dite *réintégrande*).

On désigne enfin sous le nom d'action *pétitoire* celle qui tend à revendiquer la propriété ou un de ses démembrements.

L'action mobilière est d'ordinaire une action pétitoire; la question de savoir si elle peut aussi être possessoire est difficile et résolue diversement.

Remarquons que le mari a le droit d'exercer même les actions pétitoires immobilières qui concernent l'usufruit des propres de la femme, car cet usufruit appartient non à la femme, mais à la communauté.

1. Si le mari, outrepassant son droit, aliène les propres mobiliers de la femme, l'acquéreur de ces propres mobiliers sera le plus souvent protégé par le principe de la prescription instantanée, c'est-à-dire par l'adage : « En fait de meubles, possession vaut titre. »

Si pareillement le mari excède ses pouvoirs en aliénant les propres immobiliers de la femme, celle-ci, à la dissolution de la communauté, aura le droit de les revendiquer, sauf, si elle a accepté la communauté, à rembourser à l'acquéreur la moitié du prix d'acquisition et à lui payer la moitié des dommages-intérêts auxquels il peut avoir droit, car, en sa qualité de commune, elle doit à l'acquéreur cette moitié du prix et la moitié aussi des dommages-intérêts.

2. C'est assurément un point à noter que, dans les cas où le mari est tenu envers la femme des dommages-intérêts pour défaut d'actes conservatoires, la femme n'a droit à la totalité de ces dommages-intérêts que si elle renonce à la communauté. Que si, au contraire, elle accepte la communauté, la dette de son

Enfin il a le droit de consentir et de renouveler seul les baux des biens de sa femme.

Toutefois, dans l'intérêt de la femme, deux limitations sont apportées à cette faculté : l'une est relative à la durée, l'autre à la passation ou au renouvellement du bail consenti par le mari.

Voici ces deux limitations :

D'une part, si le bail a été fait pour une période de plus de neuf ans et que, avant qu'il ait pris fin, la communauté soit dissoute, il doit être décomposé en périodes de neuf années et il n'oblige la femme et ses héritiers que pour le temps qui reste à courir de la période de neuf ans dans laquelle on se trouve.

D'autre part, le renouvellement du bail n'oblige la femme et ses héritiers que s'il a lieu dans un délai déterminé avant l'expiration du bail courant, soit trois ans pour les biens ruraux, deux ans pour les biens urbains. Cependant, le bail renouvelé, même avant cette époque, serait opposable à la femme et à ses héritiers, s'il avait commencé à être mis à exécution avant la dissolution de la communauté.

Il résulte, en somme, de ces deux règles combinées que la femme ou ses héritiers peuvent se trouver obligés pendant onze ou douze années en vertu d'un bail consenti par le mari seul (1).

mari envers elle devient pour moitié sa propre dette, car cette dette du mari est une charge de la communauté ; donc, il y a confusion pour une moitié, et la femme n'a droit de réclamer du mari que l'autre moitié.

Voilà un résultat qui, pour être logique, n'en a pas moins de quoi surprendre.

1. Ce cas d'un propriétaire lié pour une durée si longue par un bail qu'il n'a pas consenti n'est pas unique dans le droit, car l'usu-

Théorie des récompenses

Comme nous le savons déjà, on appelle récompense, sous le régime de communauté, l'indemnité qui peut se trouver due par la communauté aux époux, par les époux à la communauté, par l'un des époux à l'autre époux.

Il y a donc trois sortes de récompenses.

La théorie des récompenses est fondée, en général, sur l'idée que les libéralités ne se présument pas.

Ainsi, un immeuble de l'un des époux a-t-il été vendu, et le prix de la vente a-t-il été versé dans la communauté, la communauté doit récompense de ce prix à l'époux auquel appartenait l'immeuble.

A l'inverse, une somme a-t-elle été puisée dans la communauté pour acquitter les dettes ou charges personnelles à l'un des époux, ou encore pour recouvrer, conserver ou améliorer un bien personnel de l'un des époux, cet époux doit à la communauté récompense de la somme qu'elle a déboursée (1).

Quant aux récompenses d'époux à époux, elles sont très rares; nous citerons le cas où les deniers, provenant de l'aliénation des propres de l'un des époux auraient été employés *directement*, c'est-à-dire

fruitier, pour les biens sujets à usufruit, le tuteur, pour les biens du pupille, ont relativement aux baux le même droit que le mari administrateur des propres de sa femme. — V. dans notre Bibliothèque : LES SERVITUDES et LES TUTELLES.

1. Cependant s'il s'agissait d'impenses ne procurant que de l'agrément, mais n'augmentant pas le prix de l'héritage, de ces impenses que les juristes appellent des impenses *voluptuaires*, il n'y aurait pas lieu à récompense au profit de la communauté.

avant d'être versés dans la masse commune, à acquitter une dette propre de l'autre époux.

En résumé, on peut poser cette règle qui embrasse la presque totalité, sinon la totalité même des cas où il y a lieu à récompense, à savoir que toutes les fois qu'un des trois patrimoines (patrimoine commun, patrimoine propre du mari, patrimoine propre de la femme) s'enrichit aux dépens d'un des deux autres, le patrimoine enrichi doit récompense au patrimoine appauvri (1).

Il y a à noter :

Que le recouvrement des récompenses ne peut être poursuivi qu'après la dissolution de la communauté ;

Que les récompenses dues par la communauté ou à la communauté portent intérêt de plein droit du jour de la dissolution de la communauté, tandis que les récompenses dues entre époux ne portent intérêt, selon le droit commun (2), que du jour de la demande en justice ;

Que, quant aux récompenses dues par la communauté aux époux, tandis que le mari créancier de la récompense n'a le droit d'exercer son recours que sur la masse de la communauté, la femme créancière a le droit d'exercer le sien, non seulement sur les biens de la communauté, mais même, en cas d'insuffisance de ces biens, sur les propres du mari.

1. Comme cas de récompense ne rentrant pas sous cette règle se présenterait celui où l'un des époux devrait une récompense à l'autre pour avoir détruit ou détérioré le propre de l'autre.

2. V. dans notre Bibliothèque : LES CONTRATS, p. 57.

Théorie des remplois

Un propre du mari ou de la femme est aliéné ; une autre chose lui est substituée avec fonction d'en tenir lieu au mari ou à la femme, — et voilà le remploi.

Comme nous l'avons déjà dit, on peut le définir en forme : l'affectation, à titre de propre, d'une certaine chose en remplacement d'un propre aliéné (1).

On distingue le remploi facultatif et le remploi obligatoire.

Remploi facultatif. — On nomme facultatif celui qui n'est point imposé par les clauses du contrat de mariage.

Il y a à distinguer le remploi qui a lieu pour le mari et celui qui a lieu pour la femme.

A l'égard du mari, le remploi ne peut être fait qu'au moyen d'un bien acquis, tandis qu'à l'égard de la femme, il peut consister non seulement dans un bien acquis, mais encore dans un bien du mari ou de la communauté.

De plus, si le remploi a lieu pour la femme, il faut que celle-ci l'accepte formellement, mais son acceptation peut n'intervenir qu'après coup.

Soit qu'il ait lieu pour le mari, soit qu'il ait lieu pour la femme (en supposant d'ailleurs, lorsqu'il concerne la femme, qu'il consiste dans un bien acquis), le remploi exige cette double déclaration :

1. La théorie du remploi est grosse de difficultés ; on ne s'entend pas sur le principe à lui assigner et ce qui certes serait étrange c'est que, sur les conséquences, on s'accordât.

1° Que l'immeuble est acquis des deniers provenant de l'aliénation d'un propre ;

2° Que cet immeuble est acquis pour tenir lieu de remploi du prix du propre aliéné.

La jurisprudence admet que le remploi peut être fait par anticipation aussi bien pour la femme que pour le mari, parce que, dit-on, il serait sans intérêt pour la communauté et il pourrait être dommageable aux époux d'enlever à ceux-ci la faculté de profiter d'occasions favorables pour faire des acquisitions qu'ils solderont avec les deniers provenant de la vente ultérieure de leurs propres.

Terminons par quelques mots sur une question fort discutée. On suppose que le mari a acquis un immeuble pour servir de remploi à la femme et que l'acceptation de la femme n'intervient qu'après coup ; on demande si cette acceptation rétroagit jusqu'au jour même de l'acquisition ou si elle n'a d'effet qu'à partir du jour où elle a eu lieu.

Le système le plus répandu se prononce pour la rétroactivité de l'acceptation de la femme en ce qui concerne les droits réels qui ont frappé, en dehors de la volonté du mari, l'immeuble acquis en remploi, et, au contraire, pour la non-rétroactivité relativement aux droits réels que le mari a conférés à des tiers.

Ainsi, des hypothèques légales ou judiciaires sont-elles venues grever l'immeuble avant l'acceptation de la femme, ces hypothèques s'évanouiront, mais les hypothèques consenties par le mari subsisteront, et de même les aliénations de la pleine propriété.

En somme, c'est un intérêt de crédit et de libre disposition des biens qui se trouve au fond de cette question, et le système généralement adopté en tient compte, comme on le voit (1).

Remploi obligatoire. — Le remploi dit obligatoire est celui qui est imposé au mari en faveur de la femme par une clause du contrat de mariage.

On suppose, par exemple, un père prévoyant qui craint que quelque jour sa fille ne consente à ce que le mari aliène ses immeubles propres et qui, pour mettre un certain frein au pouvoir du mari de disposer du prix de la vente, stipule dans le contrat de mariage que le mari devra faire remploi de ce prix.

Du reste, la clause de remploi n'est pas, en pareil cas, opposable aux tiers, c'est-à-dire que, même si le mari ne fait pas le remploi, l'aliénation des propres de la femme n'en demeurera pas moins irrévocable; mais le mari aura engagé sa responsabilité (2).

Constitutions de dot faites par des époux mariés en communauté (3)

La communauté n'est point tenue de doter les enfants nés du mariage; ce qu'elle leur doit seulement, c'est l'éducation et l'entretien.

1. Que le Code lui même ne s'est-il plus souvent soucié de ces deux grands intérêts de libre expansion de la propriété, — facilité de la circulation, facilité du crédit, démocratie au meilleur sens!

2. *Sous le nom d'emploi*, il existe une autre clause qu'il ne faut pas confondre avec celle de *remploi*. La clause d'emploi a pour but exclusif le remplacement des propres mobiliers par des immeubles ou des droits immobiliers.

3. Sur l'obligation naturelle en général, V. dans notre Bibliothèque: LES CONTRATS, p. 97.

L'obligation de doter les enfants n'est donc, en principe, qu'une obligation naturelle propre à chacun des conjoints (1).

De là, cette double conséquence : si le père et la mère, mariés en communauté, sont tous les deux intervenus pour doter leurs enfants sans dire pour combien chacun entend contribuer à la dot, ils sont censés avoir entendu la fournir, chacun pour moitié (2), et, si l'un des deux a acquitté la dot au moyen d'un immeuble ou d'un effet personnel, il a, sur les biens de l'autre, une action en indemnité pour la moitié de la dot.

Toutefois, il existe un cas où l'obligation de doter l'enfant est considérée par le Code, sans qu'il soit aisé d'en deviner le motif, comme une obligation de la communauté.

On suppose que le mari est seul intervenu pour constituer une dot à l'enfant commun et qu'il a constitué cette dot en effets de la communauté ; alors, à moins que le mari n'ait déclaré expressément qu'il se chargeait de la dot pour le tout, il est censé avoir agi en qualité de chef de la communauté, et la femme

1. Le mot *dot* a deux sens : il signifie tantôt le bien que le futur époux, homme ou femme, apporte pour subvenir aux charges du ménage, tantôt seulement le bien que la femme apporte dans ce but.

Il peut donc y avoir une dot sous tous les régimes. Ce qui caractérise le régime appelé dotal, c'est, comme nous le savons déjà (V. p. 8 et 11) et comme nous le verrons plus au long, que, dans le régime dotal, la dot est soumise à un ensemble de règles spéciales et que notamment elle est inaliénable.

2. Voilà qui eût pu être deviné, sans le secours du législateur.

qui accepte la communauté ne peut prétendre pour cette cause à aucune récompense.

Remarquons que la constitution de dot est une donation, mais que la loi lui attribue cependant deux effets des contrats à titre onéreux, ainsi :

En cas d'éviction de l'objet donné en dot, le constituant est tenu à la garantie envers la femme et envers le mari ;

Les intérêts ou les fruits de l'objet donné en dot sont, à moins de stipulation contraire, dus au donataire à partir du jour même du mariage, encore qu'il y ait terme pour le payement.

Nota. — La théorie de la constitution de dot se complète par certaines règles d'interprétation que le Code a formulées à l'occasion du régime dotal et qui toutes, hormis une seule que nous exposons plus loin, peuvent, sans inconvénients, être passées sous silence.

Dissolution de la communauté et quelques-unes de ses suites

Quoique née ou *supposée* née de la volonté des parties, la communauté ne se dissout jamais en vertu de cette seule volonté.

Les causes de dissolution de la communauté sont :

1° La mort de l'un des époux ;

2° Le divorce ;

3° La séparation de corps ;

4° La séparation de biens.

Il faut ajouter :

5° Le jugement qui annule un mariage putatif ;

6° La déclaration d'absence, lorsque le décès de l'absent n'est jamais constaté.

Dans les deux premiers cas, mort et divorce, la dissolution de la communauté n'a lieu que comme une suite de la dissolution du mariage.

Dans le troisième, séparation de corps, c'est accessoirement aussi que la communauté est dissoute, et parce que la séparation de corps entraîne la séparation de biens.

Ne restent, en définitive, comme causes propres de la dissolution de la communauté que les trois dernières causes.

Ainsi que le Code, nous ne nous occuperons que de la mort de l'un des époux et de la séparation de biens.

Mort de l'un des époux

Lorsque la communauté vient à être dissoute par la mort de l'un des époux, la loi impose au survivant l'obligation spéciale de faire inventaire (1).

Cet inventaire devra être fait dans les trois mois, sauf le cas d'une prorogation accordée par les tribunaux.

Le défaut d'inventaire fait encourir à l'époux survivant une double peine :

1° Toutes les personnes intéressées ont le droit de faire contre lui la preuve de la consistance du mobi-

1. Dans l'ancien droit, la coutume de Paris n'imposait au survivant des époux l'obligation de faire inventaire que pour le cas où il existait des enfants mineurs issus du mariage, et cette exigence de la loi, pour un pareil cas, se comprenait. En la généralisant, le Code n'a fait qu'imposer une formalité, inutile dans une foule de cas, — et coûteuse.

Et il en existe tant de semblables dans nos lois !

lier commun, tant par titres que par témoins et même par commune renommée;

2° Lorsqu'il existe des enfants mineurs issus du mariage, l'époux survivant perd la jouissance légale des biens de ces enfants.

Il faut bien remarquer, pour le cas des enfants mineurs, que leur subrogé tuteur est tenu de forcer l'époux survivant à faire inventaire s'il ne veut être solidairement responsable avec ce dernier, sauf recours contre lui.

Et, à plus forte raison, la même décision s'appliquerait-elle au tuteur dans le cas où le survivant des époux n'aurait pas lui-même la tutelle de ses enfants mineurs.

Séparation de biens

La séparation de biens est offerte ici par le législateur à la femme comme un moyen de se prémunir contre les conséquences dommageables qu'entraînerait pour elle la continuation de la communauté. La femme a le droit de l'invoquer toutes les fois que sa dot, dit le Code, ou mieux ses intérêts sont en péril (1).

1. Il se peut, en effet, que la femme n'ait pas apporté de dot, mais qu'elle ait un talent ou une industrie lui procurant des gains, et il n'est pas douteux que, si le mari est un dissipateur, elle ne soit, aussi dans ce cas, fondée à demander la séparation de biens.

Mais que de fois, lorsque la femme a une fortune à elle, ce remède prétendu ne survient-il pas trop tard, et que de fois aussi la séparation de biens ne permet-elle pas aux époux de s'entendre pour duper les créanciers qu'a abusés l'étiquette du régime de communauté!

Demande en séparation. — La loi prohibe la séparation de biens volontaire et n'admet que celle que décident les tribunaux, la judiciaire. Malheureusement il est, dans la circonstance, plus facile de prohiber que d'empêcher, et nous répétons que souvent, en réalité, la décision des tribunaux ne fait qu'homologuer un plan concerté entre les époux.

La séparation de biens ne peut d'ailleurs, comme on le conçoit, être demandée que par la femme; car son but est essentiellement de faire cesser l'administration de la communauté par le mari.

On ne considère pas, en général, l'interdiction soit légale, soit judiciaire du mari, comme constituant par elle-même une cause de séparation de biens; le tuteur du mari administrera, dit-on, à la place du mari, la communauté et les biens de la femme, celle-ci conservant au surplus, comme auparavant, le droit de demander, s'il y a lieu, la séparation de biens.

Remarquons que l'action en séparation de biens est réputée (1) personnelle à la femme et que, contrairement à la règle générale, ses créanciers n'ont pas le droit de se substituer à elle pour la mettre en mouvement; toutefois, dans le cas de faillite ou de déconfiture du mari, ils peuvent exercer les droits de leur débitrice jusqu'à concurrence du montant de leurs créances.

1. La curieuse raison que l'on en donne, c'est que, si la femme est assez vertueuse pour sacrifier sa dot à la crainte de troubler ses bons rapports avec son époux, ce n'est point à ses créanciers d'y mettre obstacle.

Oui-dà, mais ce sont les créanciers qui font les frais de cette vertu-là!

A l'inverse de ce que nous venons de dire pour ceux de la femme, les créanciers du mari bénéficient du droit commun, c'est-à-dire que, comme le mari, ils ont le droit de contredire à la demande de séparation et, s'il y a lieu, d'attaquer le jugement de séparation, soit par la voie de l'opposition, soit par celle de l'appel (1).

Enfin, s'ils ne sont pas intervenus au procès, ils peuvent même user de la voie de la tierce opposition (2).

Procédure de la séparation de biens. — Les formalités de cette procédure se décomposent en formalités antérieures et formalités postérieures au jugement de séparation.

Toutes ont essentiellement un but de publicité (3).

Remarquons que, à peine de nullité de la séparation, le jugement qui la prononce doit être mis à exé-

1. L'opposition est, comme l'on sait, le moyen de recours contre les jugements par défaut, et l'appel contre les jugements contradictoires rendus en premier ressort.

Ces deux voies de recours sont dites voies *ordinaires*.

2. La tierce opposition est un moyen d'attaquer un jugement qui appartient aux créanciers des parties (créanciers chirographaires, c'est-à-dire qui ne sont ni privilégiés ni hypothécaires) lorsque le jugement a été rendu en fraude des droits desdits créanciers, et, dans tous les cas, aux tiers ayant des droits réels (créanciers privilégiés et créanciers hypothécaires, tiers acquéreurs) lorsqu'ils n'ont pas été représentés dans le procès.

La tierce opposition est une des voies *extraordinaires* de recours contre les jugements.

3. On les trouvera exposées tout au long dans notre Bibliothèque; le petit volume concernant : LES OBLIGATIONS DES COMMERÇANTS, aux *Séparations de biens*, et aussi l'article 144 du Code civil, l'article 65 du Code de commerce et les articles 865-874 du Code de procédure civile.

cution dans la quinzaine de la prononciation, par le payement réel des droits et reprises de la femme, effectué jusqu'à concurrence des biens du mari et constaté par acte authentique ; tout au moins, la femme doit-elle, dans le même délai, commencer contre le mari des poursuites continuées sans interruption.

Effets de la séparation de biens.—L'effet du jugement de séparation remonte jusqu'au jour de la demande, et c'est pour cela qu'il y a une si grande utilité à publier la demande, à la faire connaître de tous ceux qui peuvent y avoir intérêt.

Néanmoins, on admet que les actes de simple administration des biens communs et aussi des biens personnels de la femme faits par le mari avant le jugement sont valables, même à l'égard de la femme, pourvu que, bien entendu, ils soient exempts de fraude.

Notons que lorsque la séparation de biens est la conséquence d'un jugement de séparation de corps, elle ne prend date, dans ce cas, que du jour du jugement, et l'on comprend par conséquent l'intérêt qu'il peut y avoir pour la femme à cumuler une demande en séparation de biens avec une demande en séparation de corps.

L'effet de la séparation est de rendre à la femme ce que le Code appelle, dans ce cas, la *libre administration* de ses biens, c'est-à-dire notamment la faculté de toucher ses revenus, de louer ses immeubles pour une période de neuf ans, d'aliéner à titre onéreux ses meubles (1), de poursuivre ses débiteurs, de re-

1. La jurisprudence restreint cette proposition et décide que

cevoir ses capitaux mobiliers, de faire au comptant toute espèce d'acquisitions mobilières ou immobilières, de contracter des obligations en tant que cela est nécessaire à l'administration de ses biens.

Mais la femme séparée continue à ne pouvoir aliéner ses immeubles sans l'autorisation du mari ou de la justice (1).

Le Code déclare, au surplus, que la femme séparée doit contribuer tant aux frais du ménage qu'aux frais

la femme n'a le droit d'aliéner son mobilier que dans les limites des besoins de l'administration de ses biens.

Mais comment les tiers peuvent-ils savoir si la femme séparée aliène pour les besoins de son administration ou pour toute autre cause?

1. Il y a bien peu de concordance entre la théorie générale de l'incapacité de la femme mariée d'après laquelle la femme, sans l'autorisation du mari ou de la justice, ne peut jamais figurer soit comme demanderesse, soit comme défenderesse dans un procès civil, jamais rien acquérir, jamais s'obliger par contrat, et l'étendue des droits qui résultent pour la femme de la séparation de biens. Ce régime vient ainsi faire échec à l'incapacité.

Bien plus, la contradiction se continue entre différents chefs même de la théorie de la séparation de biens; car, comme nous venons de le dire, le Code décrète que la femme séparée n'a pas le droit d'aliéner ses immeubles, et la doctrine cependant sent la nécessité pratique de reconnaître que la femme peut s'obliger par contrat, au moins dans une certaine mesure. Or, en s'obligeant, la femme oblige tout son patrimoine, ses immeubles comme ses meubles, et ses créanciers auront le droit d'exproprier, s'il y a lieu, aussi bien ses immeubles que ses meubles. La femme séparée a donc un moyen d'aliéner indirectement ses immeubles.

Notons que la restriction apportée par la séparation de biens judiciaire à l'incapacité de la femme mariée doit être appliquée à toute femme qui, sous un régime quelconque, possède en propriété des biens qu'elle administre.

d'éducation des enfants communs, et cela, proportionnellement à ses facultés et à celles de son mari ; mais il faut noter qu'en général c'est entre les mains du mari que le montant de cette contribution devra être versé et qu'une disposition formelle du jugement de séparation serait nécessaire pour qu'il en fût autrement.

Du reste, la femme séparée a parfaitement le droit de donner à son mari mandat d'administrer pour elle, avec charge de rendre compte des fruits. Si, sans mandat exprès, le mari jouit des biens de la femme, la loi veut qu'à l'époque du retrait du mandat ou lors de la dissolution du mariage, il ne soit tenu de restituer que les fruits encore existants, mais qu'il ne doive nul compte de ceux qu'il a consommés (1).

Que si enfin le mari jouit, malgré l'opposition de sa femme, il est comptable envers elle de tous les fruits tant consommés qu'existants.

Remarquons encore que lorsque la femme séparée, autorisée par le mari ou par la justice, vend un de ses immeubles, si le mari a touché le prix de la vente ou s'il en a profité, il doit, sous sa responsabilité, en opérer le placement, sans être d'ailleurs garant de l'utilité de ce placement (2) et il est, de par la loi, présumé avoir touché le prix, toutes les fois que le contrat a eu lieu en sa présence.

1. Tout mandat est astreint à rendre compte, et la volonté seule du mandant peut décharger le mandataire de cette obligation.
Le Code, dans la circonstance, a méconnu ce principe.

2. Le Code parle d'*emploi* ou *remploi*. Il faut entendre ici par emploi un placement quelconque ; quant au remploi, ce serait l'acquisition d'un autre immeuble au nom de la femme.

Rétablissement de la communauté

Si les époux veulent revenir à la communauté, le Code leur en octroie la faculté, mais aux conditions suivantes; il faut :

1° Que le consentement des parties soit constaté par un acte passé devant notaire et avec minute;

2° Que, pour sauvegarder l'intérêt des tiers, une expédition de cet acte soit affichée dans les mêmes formes que le jugement de séparation de biens (1);

3° Que la communauté soit rétablie dans les conditions où elle existait antérieurement, à peine de nullité de toute clause y dérogeant.

La communauté, valablement rétablie, est réputée n'avoir jamais cessé d'exister dans les rapports des époux entre eux; mais les actes faits dans l'intervalle par la femme, comme séparée de biens, ne subissent aucune atteinte.

Acceptation de la communauté et renonciation qui y peut être faite avec les conditions qui y sont relatives

Acceptation et répudiation. — Lorsque la communauté est dissoute, la femme ou ses héritiers et ayants cause ont, en principe, la faculté de l'accepter ou de la répudier : toute convention contraire est nulle (2).

1. V. dans notre Bibliothèque : LES OBLIGATIONS DES COMMERÇANTS, aux *Séparations de biens*.

2. Le droit de renoncer à la communauté n'existait pas à l'origine; c'est à l'époque des croisades qu'on l'accorda aux veuves nobles et, dans le cours du XVIe siècle, qu'on l'étendit aux veuves des roturiers.

Si la femme ou ses héritiers acceptent, ils prennent la moitié de l'actif et supportent la moitié du passif, sauf leur droit de faire inventaire et de n'être tenus que jusqu'à concurrence de l'émolument qu'ils recueillent.

S'ils renoncent, tous les biens tombés dans la communauté du chef de la femme restent au mari, sauf une très légère exception, et en revanche le mari est alors seul chargé du payement des dettes (1).

La femme peut accepter soit expressément, soit tacitement, et, d'ordinaire, c'est de cette dernière façon qu'elle accepte ; mais les actes d'administration et de conservation qu'elle aurait faits n'impliqueraient pas acceptation de sa part.

Quant à la renonciation, elle doit être déclarée au greffe du tribunal du domicile du mari et inscrite sur le même registre que les renonciations à succession (2).

L'acceptation et la renonciation sont, en principe, irrévocables ; cette irrévocabilité cesse, si elles ont été causées par un dol ou par une violence.

Bien entendu encore, l'acceptation faite par la femme mineure ou en son nom sans l'observation des formalités légales, est révocable pour cause de minorité.

1. Cependant, il se peut que la femme ait contribué à dilapider la communauté ; il se peut même qu'elle l'ait dilapidée toute seule, et, quand cela arrive, n'est-il pas scandaleux que la femme ait le droit, en renonçant à la communauté, de répudier les conséquences de ses actes et de reprendre en entier sa fortune personnelle ?

2. Pour renoncer, la femme autrefois jetait sur la fosse du mari la bourse et les clefs qui pendaient à sa ceinture. L'Humanité, dans notre Occident, délaisse les symboles ; mais, en même temps que ses années, puisse sa raison mûrir !

Le dol est une cause de révocation, quelles que soient les personnes dont il procède (héritiers du mari, créanciers du mari, mari lui-même), et, dans cette matière comme dans celle de l'acceptation des successions, il est opposable même à ceux qui y sont demeurés étrangers.

Inutile de dire aussi que, de leur côté, les créanciers de la femme pourraient attaquer l'acceptation ou la renonciation faite en fraude de leurs droits.

Remarquons enfin que la femme qui, avant d'avoir renoncé à la communauté, divertit ou recèle quelque objet appartenant à la communauté, doit être réputée commune, nonobstant sa renonciation, car ce divertissement ou ce recel constitue un fait d'immixtion dans la communauté et un tel fait emporte nécessairement acceptation.

Si c'est après avoir renoncé que la femme accomplit les mêmes actes, elle commet un vol.

Dans l'un et l'autre cas, les héritiers de la femme doivent être traités comme la femme elle-même.

Règles spéciales. — 1° Dissolution par la mort du mari.

Dans ce cas, la femme est présumée acceptante, et, conformément au droit commun, elle a trente ans pour renoncer.

Elle a, du reste, un délai de trois mois pour faire inventaire et un délai de quarante jours pour délibérer sur le parti qu'elle entend prendre ; le premier de ces délais a pour point de départ la dissolution de la communauté, le second court à partir de l'expiration du premier délai ou de la clôture de l'inventaire. Ces deux délais peuvent être prorogés par le tribunal de première instance. Tant qu'ils durent, la femme jouit du droit d'opposer une exception dite *dilatoire* pour repousser les poursuites des créanciers de la communauté. Les délais expirés, les poursuites ne peuvent plus être repoussées, et les frais sont à la charge de la femme (1).

Les héritiers de la veuve qui vient à mourir avant d'avoir pris parti jouissent du même droit d'option entre l'acceptation et la répudiation de la communauté qui appartenait à la veuve, et les délais relatifs, soit à la confection de l'inventaire, soit à la faculté de délibérer, leur sont accordés intégralement, quelle que soit la fraction déjà écoulée au jour du décès de la femme.

Que si les héritiers de la veuve ont accepté sa succession avant l'expiration des trois mois, il n'y a plus lieu pour eux au délai de l'inventaire relatif à la communauté, car le droit à la communauté fait partie de la succession; néanmoins, pour délibérer sur la communauté, ils ont un délai supplémentaire de quarante jours, à compter du jour où ils ont accepté la succession (2).

Soit qu'elle accepte, soit qu'elle renonce, la veuve jouit d'un bénéfice tout personnel et tout particulier à notre cas: pendant les délais pour faire inventaire et pour délibérer, elle a le droit d'être logée et nourrie aux dépens de la communauté, mais, pour ce qui est de la nourriture, à la charge, dit non

1. C'est le même système que pour les héritiers. V. dans notre Bibliothèque : LES SUCCESSIONS, p. 52, texte et note 1.

2. C'est un des cas — non rares — où l'on est obligé de mettre les textes à la torture pour leur trouver un sens. Et quel sens! Comme c'est simple et peu compliqué!

sans naïveté le Code, d'en user modérément (1).

2° Dissolution par le divorce ou par la séparation de corps ou de biens. — Dans ces cas, la femme est présumée renonçante et, contrairement au droit commun, elle n'a, sauf la prorogation qu'elle pourrait obtenir de la justice, que trois mois et quarante jours pour accepter.

Dans ces mêmes cas, il ne saurait être question d'un inventaire à faire par la femme.

3° Dissolution par la mort de la femme. — Il faut appliquer, dans ce cas, aux héritiers de la femme, les règles relatives aux délais et aux formes que la veuve doit observer, ainsi qu'à l'époque à laquelle elle peut être poursuivie par les créanciers de la communauté.

Si la femme laisse plusieurs héritiers, chacun est libre de prendre le parti que bon lui semble, et c'est le mari qui recueille les parts des renonçants.

Partage de la communauté après l'acceptation

S'il ne se trouvait dans la communauté dissoute que des créances et des dettes, il n'y aurait, après l'acceptation par la femme ou ses héritiers, pas de partage à faire; il n'y aurait qu'une opération mathématique bien simple, les créances et les dettes s'étant divisées, de plein droit, dès le jour de la

1. Le Code dispose même que la femme ne devrait aucun loyer *pour l'habitation qu'elle aurait pu faire*, durant les délais ci-dessus indiqués, *dans une maison appartenant aux héritiers du mari*, bien entendu si ceux-ci acceptent la succession.

dissolution de la communauté entre les deux époux ou leurs héritiers.

Mais il en est autrement pour les choses corporelles : il faut un partage, et bien souvent même on attribue dans le partage, pour les créances ou les dettes, pour certaines créances ou certaines dettes, plus d'une moitié à l'un, moins d'une moitié à l'autre, sauf à faire sur le reste toutes les compensations nécessaires.

Mais rappelons-nous bien ce qui a été expliqué pour les successions, à savoir que, déclaratif en ce qui concerne l'actif autre que les créances, le partage, si on l'applique aux créances et aux dettes, devient alors translatif (1).

Partage de l'actif

Pour former d'abord la masse partageable, on opère :

1° Le rapport fictif des sommes que les époux doivent à la communauté ;

2° La reprise des biens propres aux époux et le prélèvement des sommes que la communauté doit aux époux.

1. Ce que pratiquement l'on veut dire, comme nous le savons, par ces expressions de partage *déclaratif*, de partage *translatif*, c'est que le droit de chacun des copartageants est réputé, dans le premier cas, dater de l'événement même (mort, dissolution de la communauté, dissolution de la société) qui a donné lieu au partage, tandis que, dans le second cas, le droit des copartageants ne prend date que du jour du partage.

V. au surplus, dans notre Bibliothèque : LES SUCCESSIONS, p. 84-86 et aussi LES SOCIÉTÉS.

Alors, vient le partage proprement dit.

Rapports. — Les dettes dont les époux peuvent être tenus envers la communauté et pour lesquels il y a lieu à un rapport fictif, c'est-à-dire qu'il y a lieu de faire entrer en compte, sont :

Les sommes ou les objets que les époux se sont engagés par le contrat de mariage à apporter dans la communauté et qui, à l'époque de la dissolution, n'y ont pas encore été mis ;

Le montant des récompenses ;

La valeur des objets communs dont ils disposent en fraude des droits l'un de l'autre et d'une manière illégale.

Reprises et prélèvements. — Les reprises ou les prélèvements des époux ont pour objets possibles :

Les propres de chacun d'eux ;

Les prix non remployés et non confondus dans la masse commune des propres aliénés pendant la communauté ;

Le montant des créances existant au profit de chacun des époux contre la communauté.

Le droit du mari et de la femme est identique quant aux deux premiers chefs ; mais, en ce qui concerne le troisième, le droit de la femme diffère de celui du mari :

1° En ce que la femme exerce ses reprises avant le mari ;

2° En ce que, lorsqu'il y a insuffisance de la communauté, la femme a le droit d'exercer ses reprises sur les biens personnels du mari, tandis que ce dernier ne peut jamais faire valoir les siennes que sur les biens de la communauté.

Le droit de reprise de la femme peut donc atteindre à la fois les biens de la communauté et les biens du mari. Mais il importe beaucoup de distinguer si c'est sur les biens du mari ou sur ceux de la communauté qu'il s'exerce ; car, tandis que, vis-à-vis le mari, la femme, comme tout créancier, ne peut que saisir les biens du mari et se faire payer ensuite sur le prix de la vente, au contraire, vis-à-vis la communauté, s'il n'y a pas d'argent dans la communauté, elle a le droit d'y prendre, à la place de l'argent qui ne s'y trouve pas, des objets en *nature*.

Ce n'est pas du reste à dire pour cela que, dans ce cas, la nature du droit de la femme change ; droit de *créance* il était, droit de *créance* il reste, et partant droit *mobilier*, la femme, pour se payer, reprît-elle même des immeubles de la communauté.

Et voici dans quel ordre la loi détermine les objets de la communauté qu'elle peut reprendre. C'est d'abord de l'argent comptant ; puis, des meubles à son choix ; enfin, des immeubles également à son choix.

Le mode d'opérer les prélèvements sur les biens de la communauté qui est prescrit pour la femme s'applique, d'ailleurs, aussi au mari.

Notons que la femme, venant sur les biens de la communauté, ne viendra, tout en ayant le droit de prendre, le cas échéant, des objets en nature, qu'au marc le franc avec les autres créanciers chirographaires (1), tandis que, venant sur les biens du mari et quoique n'ayant pas le droit d'y prendre des objets en nature, elle y viendra avec son hypothèque

1. Redisons que les créanciers *chirographaires* sont ceux qui ne peuvent invoquer, pour se faire payer, aucune cause de préférence.

légale, excluant les créanciers chirographaires de la communauté et se classant à sa date en tant que créancière hypothécaire (1).

Partage. — Les opérations que nous venons d'indiquer une fois terminées, le partage doit évidemment se faire par moitié entre les deux époux, sauf stipulation contraire. On suit, au surplus, les règles qui sont établies pour les partages entre héritiers (2).

Passif de la communauté, droit de poursuite des créanciers et contribution entre époux

Dans cette matière, comme dans celle du payement

1. V. dans notre Bibliothèque : LES PRIVILÈGES ET LES HYPOTHÈQUES.

2. V. dans notre petite Bibliothèque : LES SUCCESSIONS, p. 62 et suivantes, p. 84 et suivantes. Le Code ajoute que le deuil de la femme est aux frais des héritiers du mari prédécédé et qu'il est dû même à la femme qui répudie la communauté. La valeur de ce deuil est réglée selon la fortune du mari.

Et sur ce texte glosant : Il est convenable, disent les auteurs que la femme porte le deuil du mari. — Et ne paraît-il donc pas convenir tout autant que le mari porte le deuil de la femme ? Mais combien plus encore serait-il convenable que la loi s'abstînt de réglementer les pleurs tout aussi bien de l'un que de l'autre !

Le bon Pothier, pour sa part, avoue ingénûment qu'il ne voit pas les motifs de la différence qu'on a faite à ce sujet entre le mari et la femme, mais il se réconforte en citant le mot de Julien : « On ne peut rendre raison de toutes les choses qui ont été établies par les ancêtres, *non omnium quæ a majoribus constituta sunt ratio reddi potest.* »

Que de fois, en interprétant le Code, n'aurions-nous pas à répéter cette *explication !*

des dettes de la succession (1), il faut distinguer le droit de poursuite des créanciers contre les époux et la contribution entre époux.

Nous parlerons aussi du bénéfice d'inventaire de la femme.

Notons bien que ce qui sera dit du mari ou de la femme s'applique également à leurs héritiers.

Droit de poursuite des créanciers

Le droit de poursuite est désigné sous le nom *d'obligation*, quand on se place au point de vue des époux.

Droit de poursuite contre le mari. — Le Code pose deux règles :

D'après la première, le mari est tenu pour le tout, envers les créanciers, des dettes de la communauté par lui contractées ou procédant de son chef d'une cause quelconque (quasi-contrat, délit, quasi-délit, loi).

Du reste, le mari a alors recours, pour moitié, contre la femme, sauf à celle-ci à se couvrir, s'il y a lieu, vis-à-vis de lui de son bénéfice d'inventaire.

D'après la seconde règle, le mari est tenu pour la moitié, envers les créanciers, des dettes *personnelles* de la femme, lorsque ces dettes sont tombées dans la communauté.

Cette règle s'applique : aux dettes personnelles de la femme antérieures au mariage ; aux dettes con-

1. V. dans notre Bibliothèque : LES SUCCESSIONS, p. 91 et suivantes.

tractées par la femme durant la communauté avec l'autorisation du mari ou, dans certains cas (V. plus haut p. 49), avec l'autorisation de la justice; aux dettes grevant les successions (1) ou donations, soit purement mobilières, soit à la fois mobilières et immobilières advenues à la femme durant la communauté.

Que si la femme a fait inventaire et que la valeur de son émolument de communauté soit inférieur à la moitié du passif qui reste à sa charge, ses créanciers ont le droit de poursuivre, de son chef, le mari jusqu'à concurrence de la différence existant entre la valeur de son émolument et le montant des dettes qui viennent d'être énumérées.

Droit de poursuite contre la femme. — La règle est la suivante :

La femme est tenue pour la moitié, envers les créanciers, de toutes les dettes de la communauté, sauf la restriction que nous venons d'indiquer comme résultant pour elle du bénéfice d'inventaire.

La femme étant tenue pour la moitié, envers les créanciers, de toutes les dettes de la communauté, se trouve tenue, dans cette proportion même, des dettes *personnelles* du mari, car ces dettes peuvent être poursuivies sur tous les biens de la communauté.

Notons que, si la femme paye une dette commune au delà de sa moitié, le Code n'admet pas qu'à moins d'une réserve formelle elle ait le droit de répéter l'excédent contre les créanciers; c'est une obligation *naturelle*, qu'elle est censée avoir acquittée.

1. Rappelons encore qu'il faut assimiler aux successions les legs universels et à titre universel.

Remarquons aussi que la règle sus-formulée s'applique, c'est-à-dire que la femme n'est tenue que pour la moitié, envers les créanciers, des dettes de la communauté, alors même qu'elle est personnellement obligée.

Mais la femme est tenue pour le tout, sauf son recours contre son mari :

Des dettes procédant de son chef (dettes personnelles de la femme antérieures au mariage, dettes contractées par la femme, durant la communauté, avec l'autorisation du mari ou, dans certains cas (V. plus haut p. 46), avec l'autorisation de la justice, dettes grevant les successions ou donations soit purement mobilières, soit partie mobilières, partie immobilières, advenues à la femme durant la communauté ;

Des dettes contractées par elle solidairement avec son mari.

Droit de poursuite contre l'un ou l'autre des époux. — Ce droit existe pour les créanciers lorsque la dette est garantie par une hypothèque et que chacun des deux époux a reçu dans son lot une fraction quelconque de l'immeuble hypothéqué ; de même, lorsque la dette est indivisible.

L'époux qui se trouve ainsi poursuivi pour la totalité d'une dette de communauté a, comme on le comprend, son recours, pour la moitié de cette dette, contre l'autre époux.

Contribution entre époux

Chacun des époux doit contribuer, pour *moitié*, au payement de toutes les dettes communes, même de celles dont l'un d'eux serait tenu pour le tout envers les créanciers.

Cette règle comporte deux exceptions.

La première se rapporte au cas où une dette de l'un des époux n'est tombée dans la communauté que sauf récompense ; il est clair que cette dette reste à la charge exclusive de l'époux qui en était grevé, si celui-ci, dans le partage, n'en a pas fait raison à la communauté.

Donc, dans le cas où l'autre époux serait poursuivi par le créancier, il doit être indemnisé de tout ce qu'il aurait été obligé de payer à la décharge de l'époux débiteur.

L'autre exception est spécialement applicable à la femme ; en effet, lorsque la femme a fait une acceptation bénéficiaire, elle n'est tenue que jusqu'à concurrence de son émolument.

Bien entendu, d'ailleurs, les arrangements que les époux feraient entre eux pour le payement des dettes ne seraient pas opposables aux créanciers.

Bénéfice d'inventaire de la femme

Le bénéfice d'inventaire de la femme modifie à la fois les règles du droit de poursuite et celles de la contribution.

L'effet du bénéfice d'inventaire est de faire que la femme ne soit tenue que jusqu'à concurrence de son émolument.

Mais que faut-il entendre par cet émolument ? A l'égard des créanciers, comme à l'égard du mari, l'émolument de la femme, c'est tout ce qui est tombé dans le lot de la femme en vertu du partage et tout ce dont elle s'est enrichie par suite du partage.

La femme, du reste, n'a pas besoin, comme l'héritier, de faire une déclaration pour jouir du bénéfice d'inventaire ; il suffit que, dans les trois mois de la dissolution de la communauté, elle ait fait dresser un inventaire bon et fidèle de la masse commune.

Notons :

Que le bénéfice d'inventaire ne peut être opposé aux créanciers que lorsqu'ils poursuivent la femme en qualité de commune, c'est-à-dire pour une dette tombée dans la communauté du chef de son mari, mais non lorsque la femme est poursuivie en qualité de débitrice, c'est-à-dire pour une dette tombée de son chef dans la communauté ;

Qu'au contraire il est opposable au mari pour toute espèce de dettes, tant pour celles qui sont tombées dans la communauté de son chef que pour celles qui y sont entrées du chef de la femme.

Toutefois, s'il s'agissait d'une dette tombée dans la communauté du chef de la femme sauf récompense, le bénéfice d'inventaire ne serait pas opposable, même au mari ; autrement, la femme s'enrichirait injustement à ses dépens (1).

1. De même que la faculté de renoncer, c'est après coup également qu'a été imaginé le bénéfice d'inventaire de la femme commune ; la jurisprudence l'inventa comme un moyen de protéger la femme contre les déprédations possibles du mari.

Mais anciennement, on ne le qualifiait pas de bénéfice d'inventaire ; il portait le nom de *privilège* de la femme commune, et le fait est qu'il se distingue du bénéfice d'inventaire par un caractère essentiel : il n'empêche pas la confusion de la part de la femme dans la communauté avec le reste de son patrimoine.

D'où il résulte :

1° Que les créanciers de la communauté ont le droit de poursuivre indistinctement le payement de ce qui leur est dû sur les

Effets de la renonciation à la communauté (1)

Durant la communauté, il existait une copropriété entre le mari et la femme, — une copropriété dans laquelle certes l'un deux avait la part du lion ; la femme, par sa renonciation, fait évanouir rétroactivement cette copropriété ; en d'autres termes, d'après la doctrine qui nous paraît devoir être préférée, la renonciation opère comme une condition résolutoire (2).

Voici, au surplus, les conséquences de la renonciation :

Le mari garde sans aucune distinction tout l'actif et supporte sans aucune distinction tout le passif.

La femme qui renonce a le droit d'exercer exactement les mêmes reprises que la femme qui accepte ; elle a le droit de reprendre :

1° Les immeubles à elle appartenant lorsqu'ils existent en nature, ou les immeubles acquis en remploi ;

2° Le prix de ses immeubles aliénés dont le rem-

objets tombés dans le lot de la femme et sur les biens propres de la femme ;

2° Que la femme n'a pas le droit d'arrêter les poursuites des créanciers en leur abandonnant les objets tombés dans son lot.

En somme, et d'après ce qui précède, on peut concevoir qu'une liquidation de communauté soit l'effroi des intéressés et la joie des gens d'affaires !

1. Nous suivons le plus possible, dans cette matière, l'ordre du Code ; les formes et les conditions de la renonciation ont été indiquées plus haut.

2. V. dans notre Bibliothèque : LES CONTRATS, p. 64 et 68, et aussi LES HYPOTHÈQUES.

ploi n'a pas été fait et accepté d'après les règles tracées ci-dessus;

3° Toutes les indemnités qui peuvent lui être dues par la communauté.

Comme la femme acceptante, la femme renonçante exerce, d'ailleurs, ses reprises tant sur les biens de la communauté que sur ceux du mari. Toutefois, elle ne peut pas exiger, comme la femme acceptante, que le mari lui laisse prendre des biens de communauté en nature; et, en outre, ses créances, devenues des créances contre le mari, ne produisent intérêt qu'à partir de la demande en justice.

Quant au passif, la femme renonçante est déchargée, à l'égard du mari, de l'obligation de contribuer au payement de toute espèce de dettes communes, procédassent-elles même de son chef, à moins qu'il ne s'agisse de dettes à raison desquelles elle eût dû récompense à la communauté, si elle l'eût acceptée.

A l'égard des créanciers, il faut distinguer entre les dettes pour lesquelles la femme ne serait susceptible d'être poursuivie qu'en qualité de commune, et celles pour lesquelles elle peut être poursuivie en son nom propre. Pour les premières, toute poursuite contre la femme renonçante est impossible; quant aux secondes, la femme en reste tenue, sauf son recours contre le mari pour le tout, si la dette ne donnait pas lieu à récompense de la part de la femme au profit de la communauté; sans recours, si la dette donnait lieu à récompense au profit de la communauté.

Notons que le Code permet à la femme renonçante de reprendre les linges et hardes à son usage. Ses héritiers n'ont le même droit que s'il est déjà né, dans la personne de la femme elle-même, c'est-à-dire, quand la communauté est dissoute par la séparation de biens ou par le prédécès du mari.

Cas où il existe des enfants nés d'un ou de plusieurs précédents mariages

Nous savons que l'adoption du régime de communauté légale peut avoir pour effet de dépouiller l'un des époux au profit de l'autre; rendons, au surplus, ce résultat manifeste par une espèce :

L'un des époux, supposerons-nous, a un actif de 100,000 francs en biens immobiliers, et l'autre un actif de pareille somme en biens mobiliers; de plus, le premier est grevé de 80,000 francs de dettes mobilières, et le second est sans dettes. En vertu des *principes* qui régissent la communauté légale, la communauté se composera, dans l'espèce, des 100,000 francs d'actif mobilier du second époux, et des 80,000 francs de dettes mobilières du premier époux : ce qui veut dire qu'elle ne se composera que de 20,000 francs, et ce qui, finalement, veut dire aussi que, tandis que le second époux se trouvera réduit à la moitié de ces 20,000 francs, soit 10,000 francs, le premier époux, au lieu de n'avoir, comme auparavant, qu'une fortune nette de 20,000 francs, aura, d'une part, ses 100,000 francs d'immeubles, et, d'autre part, sa moitié de 10,000 francs dans la communauté. Le second époux se sera donc enrichi de 90,000 francs, aux dépens du premier.

En pareil cas, doit-on regarder les avantages qui résultent du contrat de mariage, pour l'un des époux, comme des libéralités donnant lieu à l'application des principes de la réserve et sujettes à réduction (1)?

Le Code résout la question par une distinction : le contrat de communauté est considéré tantôt comme une donation, tantôt comme un contrat à titre onéreux.

Si l'époux appauvri par le contrat n'a pas d'enfants d'un premier lit, l'époux enrichi est censé s'être enrichi en vertu d'un contrat à titre onéreux et n'a point à craindre la réduction.

Si, au contraire, l'époux appauvri a des enfants d'un premier lit, l'époux enrichi est réputé s'être enrichi en vertu d'un contrat à titre gratuit et doit subir la réduction.

Toutefois, il faut remarquer que les bénéfices résultant des travaux communs et des économies faites sur les revenus respectifs, quoique inégaux, des époux, sont considérés, même à l'égard des enfants du premier lit, comme les résultats d'un contrat à titre onéreux (2).

C'est à une part d'enfant le moins prenant et, au maximum, au quart du patrimoine du conjoint

1. On sait que la *réserve* est une portion de la succession protégée par la loi au profit de certains héritiers contre les libéralités du défunt qui excéderaient une certaine quotité que par antithèse l'on nomme quotité ou portion *disponible*.

On appelle action en *réduction* l'action qui a pour but de ramener les libéralités excessives aux limites de la quotité disponible.

2. Les auteurs en donnent une étrange raison ; ils disent que ces bénéfices et ces *économies* ne sont pas des capitaux ! Qu'on se souvienne, en dépit des auteurs et du Code, que le capital n'est — ou ne devrait être — que du travail épargné et accumulé !

appauvri que, selon la règle de droit commun, le Code permet de réduire l'avantage de l'époux enrichi.

SECONDE PARTIE

COMMUNAUTÉ CONVENTIONNELLE ET CONVENTIONS QUI PEUVENT MODIFIER LA COMMUNAUTÉ LÉGALE

Après avoir proposé, sous le nom de communauté légale, un certain type de communauté à l'agrément des parties, le Code a jugé bon d'indiquer certaines manières de modifier ce type.

Il y a dans une telle méthode des inconvénients; on pourrait, en effet, s'imaginer que les modifications, prévues par le législateur, sont les seules qui soient permises, tandis qu'en réalité les futurs sont toujours libres d'organiser leur régime de mariage comme bon leur semble (1), et, d'autre part, cette sorte de nomenclature comprend des clauses qui ne sont point entrées dans nos habitudes; aussi n'insisterons-nous que sur celles qui sont pratiquées, en nous bornant à définir les autres.

Il y a, d'ailleurs, à faire remarquer que c'est la théorie de la communauté légale qui reste le fond et fournit, s'il y a lieu, les développements des nouvelles dispositions que nous allons expliquer.

1. Sauf l'observation des règles énoncées en commençant p. 18 et 19.

Communauté réduite aux acquêts

Cette clause est fort en usage et se rencontre dans presque tous les contrats de mariage dont la communauté forme la base; elle contient une restriction à la fois de l'actif et du passif.

Au point de vue actif, la communauté réduite aux acquêts se compose :

1° Des acquêts, c'est-à-dire de toutes les acquisitions réalisées à titre onéreux, durant la communauté, et de tous les gains provenant, aussi durant la communauté, de l'industrie des époux;

2° Des revenus des biens propres des époux.

Sont donc retranchés de l'actif de la communauté légale :

1° Les biens mobiliers appartenant aux époux au jour de la célébration du mariage;

2° Les biens mobiliers acquis par les époux, durant le mariage, à titre de succession ou donation, ou, d'une manière générale, à titre gratuit(1).

Au point de vue passif, la communauté réduite aux acquêts comprend :

1° Les dettes contractées, durant la communauté, soit par le mari, soit par la femme avec l'autorisation du mari, ou même avec la simple autorisation de justice, quand elles ont été contractées dans l'intérêt de la communauté (V. plus haut p. 46);

2° Les intérêts ou arrérages des dettes propres des époux;

1. C'est ce que le Code, se servant d'une formule beaucoup trop large, appelle le *mobilier futur*.

3° Les charges usufructuaires des biens des époux;
4° Les charges du mariage.

Sont donc retranchées du passif de la communauté légale :

1° Les dettes mobilières des époux au jour de la célébration du mariage;

2° Les dettes des successions ou donations purement mobilières ou partie mobilières, partie immobilières qui échoient aux époux, durant le mariage (1).

La règle, au surplus, comme sous la communauté légale, est que tout bien est réputé commun, à moins que l'époux qui prétend qu'un bien lui est propre n'administre la preuve de son allégation.

A l'égard des immeubles, cette preuve est toujours facile, car la provenance des immeubles n'a, en général, rien d'incertain.

A l'égard des meubles, il faut distinguer :

Si c'est le mari qui réclame, il devra rapporter un inventaire ou un état en bonne forme, par exemple un compte de tutelle, un état estimatif joint à une donation;

Si c'est la femme, la règle précédente s'applique lorsqu'il s'agit de meubles dont la femme prétend avoir eu la propriété antérieurement au mariage; mais, s'il s'agit de meubles que la femme prétend avoir acquis durant le mariage, à titre de succession ou donation, la femme a le droit d'établir soit par titres, soit par témoins, soit même par commune renommée, la valeur des meubles

1. C'est ce que le Code, avec la même inexactitude que pour le chef correspondant de l'actif, appelle les *dettes futures*.

compris dans la succession ou la donation à elle échues.

Stipulation de propres dite aussi réalisation (1)

Cette clause, peu usitée, est celle par laquelle un époux déclare qu'il entend exclure de la communauté tout ou partie de son mobilier, ou même un ou plusieurs meubles corporels ou incorporels, spécialement désignés.

Elle peut être expresse ou tacite.

Elle est tacite, lorsque les époux stipulent qu'ils mettront leur mobilier dans la communauté jusqu'à concurrence d'une somme ou d'une valeur déterminée ; ils sont par là même censés se réserver le surplus.

Lorsqu'elle porte sur tout le mobilier présent et futur, le mot futur étant entendu comme l'entend le Code, cette clause est identique à la communauté réduite aux acquêts, et il y a alors lieu de lui appliquer les mêmes règles qu'à cette dernière clause.

Elle constitue donc alors une restriction de l'actif et du passif.

Lorsque la clause de réalisation ne frappe que le mobilier présent ou le mobilier futur ou une quote-part du mobilier, l'exclusion d'une partie de l'actif entraîne l'exclusion d'une partie proportionnelle du passif, mais les créanciers de l'époux qui a fait l'exclusion ont le droit de poursuivre le payement de leurs créances contre la communauté, et l'effet passif

1. Cette clause n'est pas aussi usitée qu'elle mériterait de l'être ; il y aurait souvent grand profit à l'employer pour ajouter encore aux restrictions de la communauté réduite aux acquêts.

consiste seulement à astreindre l'époux débiteur à récompenser la communauté, si elle paye pour lui.

Lorsque la clause ne porte que sur un ou plusieurs meubles, corporels ou incorporels, l'époux conserve bien entendu, en principe, la propriété de ces objets et, selon ce que nous avons dit plus haut, on applique pour les dettes les règles de la communauté légale.

La clause de réalisation rend l'époux débiteur envers la communauté des meubles spécialement désignés, de la somme ou de la valeur qu'il a promis d'y apporter ; il a donc à établir sa libération.

Pour la femme, il suffit d'une quittance que le mari donne soit dans le contrat de mariage, soit dans un acte postérieur, à la femme elle-même ou à ceux qui l'ont dotée.

Quant au mari, qui ne peut recevoir quittance de la femme, il suffit d'une déclaration faite par lui dans le contrat de mariage que son mobilier est de telle valeur (1).

Clause d'ameublissement

Cette clause est tantôt extensive de l'actif seul, c'est le cas de l'ameublissement déterminé ; tantôt extensive de l'actif et du passif, c'est le cas de l'ameublissement indéterminé. On conçoit bien, d'ailleurs, qu'elle soit à peu près inconnue dans la prati-

1. La réalisation a donné lieu à beaucoup de distinctions et de menues subtilités ; on les trouverait tout au long dans Pothier, *Traité de la communauté*.

que, car il est rare de trouver des parties disposées à s'appliquer, en en étendant encore les effets, l'abusive communauté légale.

L'ameublissement est général ou particulier, déterminé ou indéterminé.

Est général, l'ameublissement qui a pour objet soit l'universalité ou des immeubles présents et futurs d'un époux, ou de ses immeubles présents, ou de ses immeubles futurs, soit une quote-part ou de tous ses immeubles, ou de ses immeubles présents, ou de ses immeubles futurs.

Est particulier, l'ameublissement qui a pour objet un ou plusieurs immeubles spécialement désignés, ou une quote-part soit d'un soit de plusieurs immeubles ainsi désignés.

Est déterminé, l'ameublissement par lequel un des époux ameublit tous ses immeubles, tels immeubles ou tel immeuble, sans restriction à une certaine somme.

Est indéterminé, l'ameublissement par lequel un époux ameublit tous ses immeubles, tels immeubles ou tel immeuble, jusqu'à concurrence d'une certaine somme.

Dans le cas de l'ameublissement déterminé, général ou particulier, la communauté devient propriétaire des immeubles ameublis.

Dans le cas de l'ameublissement indéterminé, général ou particulier, la communauté acquiert un droit... *sui generis*, un droit de créance avec faculté d'hypothéquer.

Elle a une créance sur les immeubles ou l'immeuble et une faculté de les hypothéquer ou de l'hypothéquer jusqu'à concurrence de la somme pour laquelle l'ameublissement a eu lieu.

Du reste, l'époux qui a fait un ameublissement, même déterminé, a le droit de retenir, lors du partage, les immeubles ou l'immeuble ameubli, en en déduisant la valeur actuelle de sa part dans l'actif de la communauté.

Clause expresse de séparation des dettes (1)

Comme son nom l'indique, la clause de séparation des dettes est restrictive du passif. Elle se rencontre fréquemment dans les contrats de mariage et forme un des moyens que la pratique emploie pour pallier les vices radicaux de la communauté.

Cette clause est celle par laquelle un époux déclare que, tout en faisant tomber dans la communauté ses meubles présents et futurs, il payera lui-même ses dettes personnelles antérieures au mariage.

Entre les époux, la clause de séparation des dettes produit l'effet suivant : quand la communauté a payé les dettes personnelles de l'époux séparé, celui-ci lui en doit la récompense, sans qu'il y ait à distinguer s'il y a eu ou non inventaire du mobilier de l'époux séparé.

D'un autre côté, malgré la clause de séparation des dettes, la communauté reste chargée, à partir du mariage, des intérêts ou arrérages des dettes personnelles de l'époux séparé.

Quant au capital de ces dettes, il faut distinguer :

Est-ce le mari qui est séparé, ses créanciers, nonob-

1. Nous disons clause *expresse;* car, de la communauté réduite aux acquêts et de la réalisation, il résulte aussi une séparation des dettes.

stant la séparation, n'en ont pas moins le droit de poursuivre le payement de leurs créances sur tous les biens de la communauté.

Est-ce la femme qui est séparée, ses créanciers n'ont le droit de poursuivre le payement de leurs créances que sur le mobilier qui est entré de son chef dans la communauté, si, d'ailleurs, ce mobilier a été constaté par un inventaire ou par un état authentique; autrement, ils ont le droit de poursuivre leur payement sur tous les biens de la communauté.

La communauté une fois partagée, la clause de séparation des dettes devient opposable tout aussi bien aux créanciers du mari qu'à ceux de la femme, lors même que le mobilier de l'époux séparé n'aurait pas été régulièrement inventorié.

Clause de franc et quitte

C'est la déclaration, dans le contrat de mariage, qu'un époux est sans dettes.

Cette déclaration peut être faite tout aussi bien par l'époux lui-même que par un tiers pour lui.

Le tiers, lorsqu'il en intervient un, est habituellement un parent.

Dans le cas où la clause de franc et quitte est faite par l'époux lui-même, elle produit les mêmes effets que la clause expresse de séparation des dettes, sauf en deux points :

1° Elle n'est jamais opposable par elle-même aux créanciers de l'époux qui a déclaré être sans dettes;

2° La communauté a droit au remboursement non seulement du capital des sommes qu'elle aurait payées pour l'époux déclaré sans dettes et qui en avait, mais aussi des intérêts de ces sommes courus durant la communauté et jusqu'à la dissolution.

Dans le cas où la clause de franc et quitte est faite par un autre que par l'époux lui-même, la théorie est la même que dans le cas précédent, avec cette différence pourtant que l'époux au profit duquel a été faite la déclaration de franc et quitte a le droit de poursuivre, d'abord l'époux faussement déclaré franc et quitte, car l'époux, en laissant faire la déclaration, est réputé y avoir adhéré, ensuite le tiers qui a fait la déclaration, car ce tiers a ainsi contracté une obligation de garantie.

Durant la communauté, il ne saurait, d'ailleurs, y avoir, en vertu de la clause de franc et quitte, de recours entre époux et il ne peut y en avoir que de la part du mari, comme administrateur de la communauté, contre les tiers qui auraient garanti la femme.

Faculté accordée à la femme de reprendre son apport franc et quitte

Cette clause, peu pratiquée, constitue une modification au partage. Elle met le comble, prétend-on, aux faveurs que la loi accorde à la femme mariée en communauté (1).

Elle consiste dans la faculté que se réserve la

1. Mais la loi n'a point à faire de faveur, elle n'a qu'à faire justice.

Et en examinant, d'après le fait, la faveur, on verrait que le plus souvent elle est illusoire.

La vérité est que la clause de reprise d'apport franc et quitte peut nuire au crédit du mari et qu'elle ne sauvegarde nullement la femme.

femme, pour le cas où elle renoncerait à la communauté, de reprendre *franc et quitte* tout ou partie de son apport, en laissant les dettes autres que ses dettes personnelles à la charge du mari. C'est, au surplus, en valeur et non en nature que l'apport peut être repris, et, en sa qualité de créancière chirographaire de la communauté, la femme viendra au marc le franc avec les autres créanciers de la communauté (1).

Cette clause s'interprète toujours d'une manière restrictive.

Préciput conventionnel

Comme la précédente, la clause de préciput forme une modification du partage. Elle se rencontre dans un grand nombre de contrats de mariage; elle est, d'ordinaire, stipulée au profit de la femme survivante; car, le conjoint étant rélégué à l'avant-dernier rang des héritiers *ab intestat*, il est souvent indispensable que le mari assure l'existence de sa femme pour le cas où il mourrait avant elle (2).

Le préciput est, d'une manière générale, la clause par laquelle un des époux stipule qu'avant tout partage, il aura le droit de prélever sur la masse commune, soit une certaine somme, soit une certaine

1. Sauf ensuite à faire valoir son hypothèque sur les biens du mari, s'il y a lieu.

2. En résumé, la communauté réduite aux acquêts, la séparation des dettes, le préciput conventionnel au profit de la femme survivante, certaines donations réciproques ou non entre les époux ou venant des grands parents, voilà la substance d'une foule de contrats de mariage.

quantité d'objets mobiliers ou immobiliers, soit enfin certains meubles ou immeubles spécialement désignés.

Habituellement, mais non nécessairement, le préciput est subordonné à la condition que l'époux préciputaire survivra à l'autre.

L'époux contre qui est prononcé le divorce ou la séparation de corps perd son droit au préciput.

Comme le préciput est un *prélèvement*, avant partage, sur les biens communs, la femme n'a, en principe, le droit de réclamer le préciput stipulé à son profit qu'autant qu'elle accepte la communauté; car, lorsqu'elle y renonce, il n'y a plus de biens communs, et, par conséquent, plus de partage à faire; en outre, lorsque le passif de la communauté égale ou dépasse l'actif, le préciput s'évanouit.

Toutefois, la femme est autorisée à stipuler le droit de prendre son préciput, même pour le cas où elle renoncerait à la communauté, et alors elle acquiert contre son mari une créance pour le montant de son préciput.

Dans ce même cas d'une femme ayant stipulé un préciput, nonobstant toute renonciation à la communauté, si la communauté se dissout par un divorce, une séparation de corps ou une séparation de biens, prononcée à la demande de la femme, et que celle-ci renonce, elle a le droit d'exiger que son mari lui garantisse, au moyen d'une caution, la restitution de la somme ou de la chose sur laquelle porte son préciput et que le mari garde provisoirement.

Notons que le préciput n'est pas opposable aux tiers (créanciers de la communauté ou acquéreurs tenant du mari leurs droits sur les objets soumis au préciput), mais qu'il n'est réductible qu'au profit des enfants du premier lit.

Clauses par lesquelles on assigne à chacun des époux des parts inégales dans la communauté (1)

Dans les sociétés ordinaires, le partage se fait proportionnellement aux apports.

Dans la communauté, c'est le partage par moitié qui est la règle, abstraction faite de l'égalité ou de l'inégalité des apports; mais cette règle n'est point réputée essentielle à la communauté, et les époux peuvent la modifier.

Le texte indique trois manières de modifier la règle de partage par moitié; mais évidemment son énumération n'est pas limitative.

En premier lieu, il peut être dit que l'un des époux aura une part autre que la moitié ; mais, à peine de nullité de la clause tout entière, il doit être en même temps convenu que l'époux avantagé ou réduit supportera dans le passif une part corrélative à celle qu'il prend dans l'actif.

1. Nous ne pouvons que reproduire, comme appréciation générale de ces dispositions du Code, ce que nous en disons dans notre MANUEL DE DROIT CIVIL : « C'est une idée singulière que d'avoir légiféré sur un tel sujet; car il y a, en vérité, bien des procédés, directs ou obliques, pour attribuer à l'un des époux dans les biens de la communauté une quotité supérieure à celle que l'autre obtiendra.

« Les vieux auteurs ne cachaient pas que les clauses dont il s'agit ici, tout en étant théoriquement applicables aux deux époux, n'avaient le plus souvent pour but que d'avantager le mari. »

En second lieu, la clause peut être que l'époux survivant ou ses héritiers n'auront qu'une somme fixe pour tout droit de communauté.

C'est cette clause que l'on nomme le *forfait de communauté.*

Le forfait de communauté peut revêtir une foule d'aspects, et se résume dans l'idée que la masse commune est abandonnée d'avance à l'un des époux ou à ses héritiers moyennant une somme qui devra être payée à l'autre époux ou à ses héritiers.

Dans le cas où c'est le mari ou ses héritiers qui prennent la totalité de la communauté en vertu d'une clause de forfait, les créanciers de la communauté n'ont aucune action contre la femme en tant que commune, ou contre ses héritiers.

Dans le cas où le forfait est stipulé pour la femme ou ses héritiers, il ne préjudicie pas au droit qu'a la femme ou ses héritiers de renoncer à la communauté ou de ne l'accepter que sous bénéfice d'inventaire.

En troisième lieu, il peut être convenu que la totalité de la communauté appartiendra à l'un des époux, par exemple au survivant des époux, ou à tel époux, s'il survit.

Le Code sous-entend, en pareil cas, pour l'autre époux le droit de faire la reprise des apports et capitaux tombés de son chef dans la communauté. Cette clause n'est, elle aussi, réductible qu'au profit des enfants du premier lit.

Communauté universelle (1)

La clause de communauté universelle est défendue entre les associés ordinaires.

Si elle était pratiquée entre époux, elle ferait entrer dans la communauté tous les biens des deux époux tant meubles qu'immeubles, présents et à venir.

CHAPITRE II

LES CONVENTIONS EXCLUSIVES DE LA COMMUNAUTÉ

Le régime sans communauté, dit aussi exclusif de communauté

Ce qui caractérise le régime sans communauté, c'est qu'en même temps que, sous ce régime, le mari et la femme conservent chacun la propriété de leurs biens personnels, le mari a l'administration — et la jouissance — des biens de la femme (2).

En ce qui concerne le droit d'administration du mari sur les biens de sa femme, il faut appliquer les

1. On a dit de cette clause qu'elle était l'idéal du mariage, et rien certes n'est plus vrai, si l'idéal du mariage est que la femme soit, corps et biens, à la discrétion du mari.

2. Quel attentat contre la dignité du mari cela ne constitue-t-il pas lorsque le mari ne possède aucuns biens propres, qu'il est valide et ne travaille pas, et, de cette façon, se trouve vivre aux dépens de sa femme !

S'il n'y avait pas mariage, quelles sévérités l'opinion n'aurait-elle pas alors pour lui !

mêmes règles que sous le régime de communauté.

Ainsi, par exemple, le mari a le droit d'exercer seul les actions mobilières et possessoires de la femme, mais il n'a pas le droit d'intenter les actions pétitoires immobilières (1).

En ce qui concerne le droit de jouissance du mari sur les biens de la femme, il y a lieu d'appliquer, en général, les règles de l'usufruit.

Cependant, sauf stipulation contraire, le mari n'est point obligé de donner caution.

Le Code veut bien, d'ailleurs, permettre expressément de stipuler que la femme, sous ce régime qui la dépouille de ses revenus sans aucune compensation pécuniaire, aura le droit de toucher annuellement, sur ses seules quittances, une portion desdits revenus pour son entretien et ses besoins personnels (2).

Le régime de séparation de biens

A nos yeux, la séparation de biens, ainsi que nous l'avons expliqué, devrait être le droit commun entre époux, et rien ne serait plus propre que ce droit commun à amener, dans la mesure juste et utile, la confusion durable des intérêts des époux.

Les règles de la séparation de biens conventionnelle sont les mêmes que celles de la séparation judiciaire (3), sauf en deux points :

1. Sur le sens de ces mots actions *mobilières*, actions *possessoires*, actions *pétitoires*, V. plus haut, p. 52 et 53.
2. On est, en général, d'avis que c'est par les règles du régime de communauté que doivent être comblées les lacunes du régime sans communauté.
3. V. plus haut, p. 63 et suivantes.

Les époux, en établissant entre eux la séparation de biens, ont le droit de régler à leur gré le montant de leur contribution respective; s'ils ne l'ont pas fait, la femme ne doit, à titre de contribution, que le tiers de ses revenus (1).

De plus, la séparation de biens conventionnelle est irrévocable.

La femme est, d'ailleurs, tenue, sous la séparation de biens conventionnelle comme sous la judiciaire, de verser le montant de sa contribution entre les mains du mari, et, si elle veut être relevée de cette obligation, il faut qu'elle se pourvoie à cet effet auprès des tribunaux.

CHAPITRE III

LE RÉGIME DOTAL

Nous avons déjà apprécié ce débris de l'idée juridique d'Athènes; nous avons montré comment le principe de liberté que le régime dotal contenait dans ses commencements fut corrompu par les dogmes autoritaires de l'esprit romain, et comment enfin, dans les législations modernes, ce régime a survécu, étrange juxtaposition de deux idées profon-

1. Pourquoi cet à priori? Et, si le mari n'a rien, ne faudra-t-il pas que la femme contribue pour tout ce qu'exige le ménage?

dément disparates, institution qui a perdu, par le progrès des temps, tout caractère et tout but, loi d'oppression pour la propriété, loi d'inégalité pour la femme, et, pour cette double cause, règle doublement incompatible avec l'Idée nouvelle du Droit.

Généralités relatives à la dot et à la constitution de dot

Sous ce régime, ce que l'on nomme la dot, c'est le bien que la femme apporte au mari pour supporter les charges du mariage.

Ce qui caractérise, au surplus, la dot sous le régime dotal, ce sont les mesures, ayant pour but d'en amener la conservation et la restitution, auxquelles elle est soumise.

Tous les biens qui ne sont pas dotaux sont dits *paraphernaux* (1).

Rappelons que, pour exister, le régime dotal doit être expressément stipulé dans le contrat de mariage.

La dot peut être constituée soit par un tiers, soit directement par la femme avec ses propres biens.

Lorsque la constitution de dot procède de la femme elle-même, elle ne peut résulter que d'une clause indiquant d'une manière certaine, dans le contrat de mariage, la volonté de la femme de rendre dotaux tels ou tels biens ; en d'autres termes, la *paraphernalité* est la règle, la *dotalité* l'exception.

C'est l'inverse qui a lieu quand la constitution de

1. De παρα en dehors et φερνη dot.

dot procède d'un tiers; la dotalité s'applique de plein droit, sauf stipulation contraire, à tout bien donné à la femme dans le contrat de mariage; en d'autres termes, c'est la *dotalité* qui devient la règle et la *paraphernalité* l'exception.

A l'égard des biens donnés par le mari à la femme, on décide, en général, que ces biens doivent être rangés parmi les paraphernaux : le mari ne peut pas, dit-on, donner à la femme des biens destinés à être dotaux, c'est-à-dire à être apportés par la femme au mari.

Lorsque la constitution de dot procède de la femme, il ne se forme qu'un seul contrat : le contrat entre la femme et le mari, qui doit être réputé à titre onéreux.

Lorsque la constitution de dot procède d'un tiers, il se forme deux contrats : le premier entre le constituant et la femme, le second entre la femme et le mari. Il faut réputer à titre gratuit le premier des deux.

Concluons de là notamment que l'action révocatoire des créanciers du constituant (action paulienne) peut être utilement exercée contre la femme, sans qu'il soit nécessaire de prouver qu'elle a participé à la fraude du constituant et qu'au contraire le mari ne perd son droit de jouissance qu'autant qu'il est démontré qu'il a été complice de la fraude (1).

1. V. dans notre Bibliothèque : LES CONTRATS, p. 93.

Rappelons, en outre, que la constitution de dot procédant soit de la femme, soit d'un tiers emporte en général :

1° L'obligation de garantir les objets constitués;

2° L'obligation de fournir, à partir du jour du mariage, les

Que la dot procède, d'ailleurs, de la femme ou d'un tiers, elle ne peut être constituée ni augmentée durant le mariage.

Donc si, durant le mariage, des biens sont donnés ou légués, sous condition de dotalité, à une femme qui ne s'est constitué que ses biens présents, la donation ou le legs sera sans doute valable, mais la condition de dotalité devra être réputée non écrite. A l'inverse, rien n'empêche que, lorsque une femme s'est constitué tous ses biens à venir, la condition de paraphernalité, inscrite dans la donation ou dans le legs faits à cette femme durant le mariage, ne soit valable.

Nous rencontrerions ici, en suivant le Code, différentes présomptions ayant pour but, les unes, de déterminer quelles personnes ont constitué la dot, les autres, sur quels biens porte la constitution de dot ; elles sont toutes de sens commun, et, nous n'en retenons qu'une qui, celle-là, ne relève pas du sens commun à tous les hommes.

On suppose qu'une fille a recueilli la succession de son père ou de sa mère ; le survivant lui constitue une dot « pour biens paternels et maternels » sans spécifier les portions ; sur quoi va-t-on prendre la dot ? Sans doute, sur les biens du constituant, ou, tout au moins, par égales portions, sur les biens du constituant et sur ceux qui appartiennent à la fille du chef de l'époux prédécédé. L'explication serait bonne pour les simples ; le Code présume que le donateur a entendu faire une donation au donataire avec les

intérêts de la dot constituée en argent et qui n'est pas immédiatement payée.

biens de ce donataire; on prendra donc la dot sur les biens de la fille, et ce que le constituant fournira, ce sera le complément, s'il y a lieu (1).

Droits du mari sur les biens dotaux

Le mari a, en général, l'administration et la jouissance des biens dotaux. Par exception, il en a la propriété dans certains cas.

Le mari n'est donc pas proclamé propriétaire de la dot par le Code comme il l'était par le droit romain primitif (2); néanmoins, c'est un souverain auquel il reste tout ce qui ne lui a pas été enlevé; aussi son droit d'administration excède-t-il celui d'un administrateur ordinaire et notamment les pouvoirs du mari administrateur des propres de sa femme sous le régime de communauté

Ainsi, le mari a le droit d'intenter, sans le concours de la femme, toutes les actions dotales, les péti-

1. Cela a un passé; ce n'est pas le lieu d'en retracer ici l'histoire.

Et ce qui reste encore à raconter, c'est comment le Droit évolue dans le monde!

2. L'un des plus savants interprètes, Doneau, dit, pour le dernier état, que le mari, en droit romain, est propriétaire d'après le droit civil, la femme, d'après le droit naturel. Cujas ne partage pas l'avis de Doneau et déclare que le mari n'est propriétaire ni d'après le droit civil, ni d'après le droit naturel.

C'est là-dessus que nous avons construit!

Quel fructueux enseignement pour nous que celui de Rome et d'un passé de quinze siècles!

toires comme les possessoires, et d'y défendre (1).

De plus, le mari a le droit de disposer de tous les meubles, corporels ou incorporels, qui sont compris dans la dot.

Voilà les traits les plus caractéristiques du droit du mari sur la dot.

Quant à son droit de jouissance, il présente, à son tour, un assez grand nombre de différences avec l'usufruit ordinaire.

Ainsi, pour la jouissance des biens dotaux, le mari n'est pas tenu de donner caution;

Il acquiert jour par jour les fruits naturels comme les fruits civils;

Sa jouissance est inhérente à sa personne et par là même incessible, insaisissable et non susceptible d'être hypothéquée (il faut excepter de cette règle l'excédent des revenus dotaux sur les charges du mariage);

Lorsque le mari a perçu les fruits pendants par branches ou par racines, au moment de la célébration du mariage, il doit tenir compte, lors de la restitution, des frais de labours et de semences;

Le mari a droit à une indemnité pour les récoltes qu'il a négligé de percevoir durant le cours de sa jouissance;

Il a le droit de se faire rembourser par la femme le montant intégral des impenses qu'il a faites pour

1. Toutefois, nous ne lui accordons pas le droit d'intenter l'action en partage des biens dotaux.

Disons aussi que la doctrine veut bien concéder à la femme le droit de faire des actes *conservatoires*, « pourvu qu'ils n'exigent ni une poursuite, ni l'introduction d'une action ».

la conservation de la dot (impenses *nécessaires*) ainsi que le montant de la plus-value résultant des impenses qui ont amélioré la dot (impenses *utiles*) (1).

Le mari est, d'ailleurs, soumis, en principe, aux obligations de l'usufruitier ordinaire.

Il peut, au surplus, être convenu, par contrat de mariage, que la femme touchera, sur ses seules quittances, une partie de ses revenus annuels.

Le mari a, par exception, la propriété des biens dotaux :

1° Lorsque la dot consiste en choses fongibles (2);

2° Lorsqu'elle consiste en objets *mobiliers estimés* par le contrat, *sans* déclaration que l'estimation n'en vaut pas vente;

3° Lorsqu'elle consiste en *immeubles estimés* par le contrat, *avec* déclaration que l'estimation en vaut vente.

Dans ces divers cas, le mari devient débiteur d'une somme d'argent envers sa femme.

Il importe de noter que n'est dotal :

1° Ni l'immeuble acheté avec des deniers dotaux, à moins que l'achat n'ait eu lieu en vertu d'une clause d'emploi stipulée au contrat;

2° Ni l'immeuble donné en payement au mari à la place de la dot en argent qui lui avait été promise, à moins encore que cette *dation en payement* n'ait été

1. Comparer dans notre Bibliothèque : LES SERVITUDES, *l'Usufruit*.

2. Rappelons qu'on entend par choses fongibles les choses qui, dans l'intention des parties, peuvent être remplacées par un équivalent de même sorte. V. dans notre Bibliothèque : LES SERVITUDES, p. 19.

prévue au contrat et qu'il n'y ait été dit que, si le constituant l'opérait, l'immeuble serait dotal.

Dans ces deux nouveaux cas, c'est donc l'argent qui reste dotal.

Inaliénabilité du fonds dotal

L'inaliénabilité du fonds dotal a pour origines :

1° La loi Julia portée il y a dix-huit cents ans;

2° Une disposition de Justinien rendue il y a treize cents ans.

Elle est une des plus antiques inspirations, en matière de propriété, de la croyance au fétiche du droit social et une des plus fâcheuses applications de cette croyance (1); elle est aussi la preuve — trop manifeste — que la science de la propriété en est encore à chercher ses premiers principes (2).

Mais qu'est-ce que l'inaliénabilité du fonds dotal ?

Nous ne pénétrerons que successivement dans toutes les difficultés auxquelles cette question donne lieu et nous dirons que, pour les immeubles, c'est la

1. Or, les premiers principes nous enseigneraient qu'il ne peut guère être commis de plus grave atteinte à la propriété que de la rendre inaliénable, et le moindre examen des faits nous montrerait que l'inaliénabilité du fonds dotal heurte l'intérêt comme le droit de chacun, et tout autant l'intérêt de la femme que l'on veut protéger que celui des tiers.

2. Il est d'un intérêt public, disaient les Romains, que les femmes conservent leurs dots sauves, afin qu'elles puissent se remarier.

On était à l'époque où l'empire périssait par la dépopulation venant à la fois de la stérilité des mariages et du grand nombre des célibats.

qualité qu'a l'immeuble dotal de ne pouvoir, en principe, être aliéné par le mari et par la femme même réunis.

De cette règle, il résulte :

Que, durant le mariage, l'immeuble dotal ne peut être grevé d'hypothèques ou de servitudes;

Que l'immeuble dotal ne peut être saisi, même après la dissolution du mariage, pour le payement de dettes contractées, durant le mariage, par la femme dûment autorisée (1);

Que, durant le mariage, la femme ne peut subroger soit le créancier du mari, soit son propre créancier à l'hypothèque légale existant à son profit sur les biens du mari dans le but d'assurer la restitution de sa dot immobilière.

Ajoutons que, durant le mariage, le fonds dotal est également imprescriptible, du moins en général.

1. Toutefois, la plupart des auteurs professent que la règle d'inaliénabilité doit fléchir lorsqu'il s'agit de dettes résultant de délits ou de quasi-délits commis par la femme; en effet, disent-ils, s'il y a un intérêt d'ordre public à ce que les immeubles dotaux soient inaliénables, il y a aussi un intérêt d'ordre public à ce que la femme qui fait éprouver à autrui un dommage soit tenue d'indemniser, aux dépens du moins de la nue-propriété de ses biens dotaux, celui auquel elle a fait tort, même durant le mariage.

Entre ces deux intérêts dits également d'ordre public, il y a donc à faire un choix et les auteurs qui décident, comme nous venons de dire, prennent le bon parti.

Comprendrait-on, en effet, que parce qu'une femme est mariée sous le régime dotal elle se trouvât à l'abri de l'action en dommages-intérêts des tiers, et que l'on fît fléchir pour elle cette seule vraie notion de l'ordre public, à savoir que l'ordre public est, qu'il devrait être et qu'il deviendra, il faut l'espérer, de plus en plus, l'harmonie de tous les droits, de tous les intérêts, de toutes les libertés individuelles.

Mais la règle de l'inaliénabilité du fonds dotal s'applique-t-elle à la dot mobilière, et, si elle s'y applique, est-ce avec la même étendue qu'à la dot immobilière?

Constatons d'abord que docteurs et tribunaux s'en écartent du moins sur un point; ils admettent unanimement que la dot mobilière est aliénable pour le mari.

Que décider quant à la femme?

En ce qui concerne la femme, la jurisprudence se prononce pour l'inaliénabilité, et quoiqu'elle ne soit pas, en cette matière, d'une netteté parfaite, ce qui semble bien en résulter, le voici :

C'est que, durant le mariage, la femme ne peut aliéner ni directement ni indirectement ses droits sur la dot mobilière et qu'en particulier, chose très considérable au point de vue de l'intérêt pratique, elle ne peut subroger soit le créancier du mari, soit son propre créancier à l'hypothèque légale existant à son profit sur les biens du mari dans le but d'assurer la restitution de sa dot mobilière (1).

1. Par cette décision, la jurisprudence espère sauvegarder en partie la fortune mobilière des femmes dont l'importance est de plus en plus supérieure à la fortune immobilière, et elle s'appuie sur le tradition des Parlements des pays de droit écrit (provinces du Midi de la France) où le régime dotal était autrefois en vigueur.

Remarquons que ce système aboutit à refuser à la femme propriétaire le droit qu'il accorde au mari non propriétaire et qu'il produit cette autre conséquence, à savoir qu'après la séparation de biens la dot devient inaliénable pour les deux époux ; car, d'un côté, le mari perd le droit de l'aliéner en perdant le droit de l'administrer, et, d'un autre, la femme, en acquérant le droit de l'administrer, n'acquiert pas le droit de l'aliéner.

Passons maintenant aux exceptions à la règle d'inaliénabilité du fonds dotal.

Il faut d'abord savoir que la loi permet aux parties d'écarter par une clause du contrat de mariage la règle de l'inaliénabilité du fonds dotal, mais ajoutons bien vite que toute clause de cette sorte doit être interprétée dans un sens restrictif.

De nos jours où l'inaliénabilité est devenue une chose si gênante et parfois si préjudiciable, la stipulation d'aliénabilité de la dot est fréquente, mais on l'accompagne d'une condition de remploi : quel est l'effet de cette condition ?

Il faut tenir que, si le remploi n'a pas lieu, l'aliénation est nulle, même vis-à-vis les tiers. En conséquence, l'acheteur a le droit de surveiller l'exécution de la clause de remploi et de refuser le payement de son prix tant qu'on ne justifie pas auprès de lui d'un remploi régulier (1).

A moins d'indications contraires formulées dans le contrat de mariage, le remploi doit être fait en immeubles ou en valeurs susceptibles d'être immobilisées ; depuis la loi du 2 juillet 1862, les rentes sur l'État rentrent dans cette catégorie.

Abordons maintenant la liste des vrais cas d'exception à la règle de l'inaliénabilité du fonds dotal, mais remarquons auparavant :

1° Que, toutes les fois que le mari ou la justice ont la faculté d'autoriser l'aliénation de l'immeuble

1. Remarquons que, la femme étant créancière du remploi, elle peut être contrainte, soit sur la demande du mari, soit même sur celle du tiers acquéreur, d'accepter le remploi qui lui est offert, si son refus n'est point fondé en droit.

dotal, ils ont aussi celle d'autoriser la femme à contracter un emprunt avec constitution d'hypothèque sur l'immeuble dotal ;

2° Que, si le prix de vente excède les besoins pour lesquels l'aliénation a été permise, l'excédent reste dotal, et il en doit être fait emploi comme tel au profit de la femme.

Exceptions à l'inaliénabilité du fond dotal

Cas où l'aliénation est permise avec l'autorisation du mari ou de la justice. — Il n'y en a qu'un, c'est celui où la femme veut aliéner ses immeubles dotaux pour l'établissement des enfants qu'elle a eus d'un premier lit.

Il faut assimiler, bien entendu, les cas de l'absence ou de l'incapacité du mari à celui de son refus ; c'est alors la justice qui autorisera.

Cas où l'aliénation ne peut avoir lieu qu'avec l'autorisation du mari. — Ce cas est celui où la femme veut aliéner ses immeubles dotaux pour l'établissement des enfants communs. L'autorisation du mari ne peut être suppléée par celle de la justice qu'en cas d'absence ou d'incapacité.

Cas où l'aliénation ne peut avoir lieu qu'avec l'autorisation de la justice. — L'autorisation de la justice est nécessaire dans six cas :

1° Pour tirer de prison le mari ou la femme ;

2° Pour acquitter la dette d'éducation envers les enfants et pour fournir des aliments aux personnes auxquelles la femme peut en devoir ;

3° Pour payer les dettes de la femme ou celles des

personnes qui ont constitué la dot, lorsque, d'ailleurs, ces dettes ont acquis date certaine antérieurement non pas seulement au mariage, mais au *contrat* de mariage.

Ce cas se rapporte aux époux qui veulent payer les créanciers soit de la femme, soit des constituants, pour se mettre à l'abri des poursuites desdits créanciers ;

4° Pour faire de grosses réparations indispensables à la conservation de l'immeuble dotal ;

5° Pour liciter l'immeuble dotal.

On suppose ici que les époux demandent à concourir ou à procéder à la licitation volontaire d'un immeuble dotal indivis avec des tiers, ou même entre les époux, et impartageable en nature.

6° Pour échanger l'immeuble dotal.

L'échange de l'immeuble dotal ne peut avoir lieu qu'à trois conditions. Il faut : 1° Que l'échange soit proposé par le mari, d'ailleurs avec le concours de la femme ; 2° que la valeur de l'immeuble offert en échange soit des quatre cinquièmes au moins de celle de l'immeuble dotal ; 3° que l'utilité de l'échange soit justifiée.

L'existence des deux dernières conditions doit être vérifiée par des experts que le tribunal nomme d'office.

Du reste, l'immeuble reçu en échange devient de plein droit dotal soit pour le tout, soit jusqu'à concurrence de la valeur de l'immeuble donné en échange.

Remarquons enfin que, dans tous ces cas :

L'aliénation doit être consentie par la femme, car c'est elle qui est propriétaire ;

L'aliénation, à part le cas de l'échange, doit, à peine de nullité, être faite aux enchères, après publications et affiches. (Voir Code de Procédure civile, art. 997.)

Sanction de la règle d'inaliénabilité

La sanction consiste dans la révocabilité de l'aliénation du fonds dotal.

Les personnes qui ont le droit d'agir en révocation sont : 1° Le mari ; 2° la femme ou ses héritiers.

Tant que le régime dotal dure, c'est-à-dire pendant le mariage ou jusqu'à la séparation de biens, c'est le mari seul qui a le droit d'exercer l'action en révocation, car c'est à lui seul qu'appartient l'exercice des actions dotales.

Quand le régime dotal a pris fin, ou plutôt après la dissolution du mariage, ou même après la séparation de biens, l'action passe à la femme ou à ses héritiers.

Pour le mari, l'action s'ouvre du jour de l'aliénation.

Pour la femme, du jour de la dissolution du mariage ou de la séparation de biens, mais, même dans ce dernier cas, la *prescription* de l'action de la femme ne court qu'à partir de la dissolution du mariage.

Remarquons :

Que, soit que l'aliénation procède du mari seul, soit qu'elle procède de la femme seule, soit qu'elle procède du mari et de la femme conjointement, l'action n'est jamais, d'après le Code, qu'une simple action en annulation, tombant sous le coup de la prescription libératoire de dix ans (1) ;

1. Quand c'est le mari seul qui a consenti à l'aliénation, l'ac-

Que, lorsque l'aliénation procède du mari, la femme, au lieu de faire révoquer la vente, a le droit de réclamer du mari une indemnité égale à la valeur des immeubles aliénés; — que de son côté l'acquéreur a le droit de recourir en garantie contre le mari, par cela seul que ce dernier n'a pas déclaré dans le contrat que le bien vendu était dotal ;

Que, lorsque l'aliénation procède de la femme seule, c'est le même droit qui s'applique, sauf que la femme n'a que la faculté de faire révoquer la vente, et que l'acquéreur ne peut exercer aucun recours en garantie contre la femme, car il est en faute d'avoir traité avec un incapable ;

Que, lorsque l'aliénation procède du mari et de la femme conjointement, la femme, comme dans le cas où l'aliénation procède du mari seul, a le droit, au lieu de faire révoquer la vente, de réclamer du mari une indemnité égale à la valeur des immeubles aliénés ; mais que l'acquéreur n'a de recours en garantie ni contre le mari, car il n'a figuré au contrat que pour autoriser la femme, ni contre la femme, car, dit-on, si la femme était tenue à la garantie envers l'acquéreur, elle pourrait se trouver indirectement privée du droit de faire révoquer l'aliénation.

Imprescriptibilité du fonds dotal

En principe, les immeubles dotaux non déclarés

tion devrait être une action en revendication, car le mari a vendu la chose d'autrui.

Sur la prescription de dix ans applicable aux actions en annulation de contrats, V. dans notre Bibliothèque : LES CONTRATS, p. 121

aliénables par le contrat de mariage ne peuvent être atteints, durant le mariage, par aucune prescription, soit acquisitive, soit libératoire.

Par exception :

1° Quoique l'inaliénabilité saisisse les biens dotaux au moment même du mariage, elle ne fait point obstacle à ce que les prescriptions qui ont commencé auparavant continuent et s'accomplissent;

2° Quoique l'inaliénabilité des biens dotaux persiste après la séparation de biens, l'imprescriptibilité cesse, sauf toute application des règles du droit commun (1).

Séparation de biens succédant au régime dotal

Nous venons de dire que la séparation de biens qui peut succéder au régime dotal, tout en rendant les biens dotaux prescriptibles, n'empêche pas qu'ils ne demeurent inaliénables ; il peut donc arriver aussi qu'il y ait des biens inaliénables sous un régime autre que le régime dotal, et il est même à remarquer que, dans le cas où la constitution de dot comprendrait tous les biens à venir, les biens advenus à la femme à titre gratuit, même postérieurement à la séparation de biens, seraient dotaux et inaliénables, comme s'ils eussent été acquis avant la séparation.

La femme dotale séparée reprend, au surplus, la libre administration et la jouissance de ses biens dotaux.

1. V. dans notre Bibliothèque : LA PRESCRIPTION.

Restitution de la dot

Les différents faits qui donnent lieu à la restitution de la dot sont :

1° La dissolution du mariage;

2° La séparation de biens prononcée au principal ou résultant de la séparation de corps;

3° L'absence déclarée de l'un des époux.

Quant au point de savoir comment la dot doit être restituée, il y a à faire plusieurs distinctions :

Lorsque la femme est restée propriétaire des objets qu'elle a apportés en dot, le mari doit restituer ces objets eux-mêmes, et cela, immédiatement après la réalisation du fait qui donne lieu à la restitution de la dot.

Lorsqu'au contraire le mari est devenu propriétaire des objets que la femme a apportés en dot, le mari doit restituer, selon les cas, ou des objets en même nombre et de même qualité que ceux qu'il a reçus, ou la valeur en argent de ces mêmes objets; et cela, dans le délai d'un an à partir de la réalisation du fait qui donne lieu à la restitution de la dot.

La femme a toujours le droit de retirer les linges et hardes à son usage actuel, sans que l'on doive distinguer s'il y a eu ou non, dans le contrat de mariage, une estimation de ces linges et de ces hardes.

Que si les linges et hardes de la femme ont été constitués en dot et compris dans une estimation en masse du mobilier, la femme, évidemment, devra, en déduire la valeur du prix d'estimation de l'ensemble de son mobilier.

Du reste, en cas d'une estimation spéciale, si le trousseau que la femme retire vaut mieux que celui qu'elle a apporté, elle ne doit aucune indemnité au mari; mais si le trousseau qu'elle retire vaut moins que celui qu'elle a apporté, le mari doit lui faire raison de la différence (1).

La femme demanderesse en restitution de la dot doit, en principe, faire la preuve que le mari a reçu la dot; néanmoins, quand le mariage a duré dix ans depuis l'époque où la dot est devenue exigible, la présomption de la loi est que, si le mari n'a pas reçu la dot, c'est par l'effet d'une négligence dont il doit seul souffrir, et, sauf à lui de prouver qu'il n'est point en faute, il doit indemniser la femme.

Les fruits et les intérêts de la dot sont dus de plein droit à la femme ou à ses héritiers à partir de l'événement qui donne lieu à la restitution. Si cet événement est la mort du mari, la femme jouit de deux avantages qui lui sont entièrement personnels :

1° Au lieu d'exiger les fruits et les intérêts de sa dot, pendant l'année qui suit la dissolution du mariage, elle a le droit de se faire fournir, durant le même intervalle, sa nourriture et son entretien aux dépens de la succession de son mari (2);

2° Même lorsqu'elle exige les fruits et les intérêts

1. Remarquons que, sous le régime dotal comme sous tous les régimes, la femme, pour la garantir de sa dot, a une hypothèque légale sur les immeubles du mari.

2. En quoi il peut être préférable pour la veuve d'avoir été mariée sous le régime dotal que sous celui de communauté. Comparer p. 72.

de sa dot, elle a droit à l'habitation pendant l'année qui suit la dissolution du mariage, ainsi qu'aux habits de deuil.

Notons encore :

Que les fruits tant naturels que civils des biens dotaux sont acquis au mari jour par jour, de telle façon que, lorsque vient à se réaliser le fait qui donne lieu à la restitution de la dot, le mari a toujours droit à une part proportionnelle de la totalité des fruits pour l'année dans laquelle sa jouissance prend fin et n'a jamais droit qu'à cette part (1);

Que lorsqu'une fille, dotée en meubles ou en immeubles soit par son père soit par sa mère, épouse un mari insolvable lors de la constitution de la dot, et qui n'avait à cette époque ni métier ni profession lui tenant lieu de bien, elle n'est tenue, en cas de dépréciation ou de perte de sa dot, de *rapporter* à la succession du constituant que l'action qui lui appartient contre son mari pour se faire restituer sa dot (2).

Biens paraphernaux

Nous nous bornerons à répéter que la parapher-

1. Pour régler cette proportion, voici comment on opère : on divise la masse totale des fruits de la dernière année en 365 parties, et on attribue au mari ou à ses héritiers autant de trois cent soixante-cinquièmes que la jouissance du mari a duré de jours pendant la dernière année, à partir du jour anniversaire de la célébration du mariage.

2. Le rapport, comme on le sait, est l'obligation pour tout héritier qui n'en est pas dispensé, et qui ne renonce pas à la succession, de remettre dans la succession, soit en nature, soit en

nalité est la règle pour les biens qu'apporte la femme et qu'elle est, au contraire, l'exception pour ceux qui lui sont donnés par des tiers dans le contrat de mariage. (V. plus haut, p. 103 et 104.)

Quant à ses paraphernaux, la femme dotale est dans la même situation juridique que la femme mariée sous le régime de séparation de biens.

ÉPILOGUE

Les rédacteurs du Code ont jugé bon de terminer l'énoncé des règles relatives au régime dotal en indiquant un moyen d'intéresser légalement et pécuniairement la femme dotale à la prospérité commune ; ce moyen, les époux sont libres de le chercher, en général, dans telle clause qu'il leur convient (V. plus haut, p. 18) ; les rédacteurs ont indiqué l'adjonction au régime dotal d'une clause de communauté d'acquêts.

Et nous, nous conseillons aux époux de chercher la vraie union des intérêts entre eux, non dans la force de la loi, mais dans celle de la mutuelle affection et du mutuel respect, dans les persuasions du cœur et dans les enseignements de la conscience.

moins prenant, selon les règles tracées par le Code, les donations ou les legs qui lui ont été faits.

V. dans notre Bibliothèque : LES SUCCESSIONS, p. 72.

TABLE DES MATIERES

Imp. de la Soc. de Typ. - Noizette, 8, r. Campagne-Première. Paris

www.ingramcontent.com/pod-product-compliance
Ingram Content Group UK Ltd.
Pitfield, Milton Keynes, MK11 3LW, UK
UKHW020155200726
13856UKWH00003B/1002

9 782011 928870